知的・発達障害における福祉と医療の連携

市川宏伸 編著

金剛出版

目　次

I　総　論
知的・発達障害における福祉と医療の連携 ……………… 市川宏伸　9
　　I　医療における強度行動障害への対応　12
　　II　福祉施設における強度行動障害への対応　14
　　III　知的・発達障害児者と医療　16

II　福祉施設における医療の現状
第1章　福祉の立場から ……………………………… 山本あおひ　21
　　I　入所施設における課題　22
　　II　高齢化，虚弱化への対応について　22
　　III　入所施設における健康維持のための取り組み　23
　　IV　強度行動障害がある人の施設での生活　24
　　V　医療的ケアが必要な利用者の状況について　25

第2章　看護師の立場から ……………………………… 根本昌彦　27
　　I　利用者の状況　27
　　II　知的・発達障害者施設の看護の実態　28
　　III　知的・発達障害に必要な看護機能とは　32

第3章　医療の立場から　1──障害者支援施設調査から見えてくるもの
………………… 高橋和俊・祐川暢生・中野伊知郎・大場公孝　39
　　I　調査結果の概要　40
　　II　考察および提言　45
　　III　結論　49

第4章　医師の立場から　2 ……………………………… 田中恭子　51
　　I　背景　51
　　II　調査方法　51
　　III　調査結果　52
　　IV　考察　58

第5章　医師の立場から　3 ……………………………… 横田圭司　65
　　I　ながやまメンタルクリニックについて　65
　　II　福祉施設における医療の役割　65

第6章　利用者の立場から──福祉サービス　　　　　　　今井　忠　75
　　Ⅰ　主旨　75
　　Ⅱ　発達障害児者の医療ニーズは一般の健常者と同一か　75
　　Ⅲ　親の願い　77
　　Ⅳ　福祉と医療の連携の明と暗　79

Ⅲ　医療における知的・発達障害の現状

第1章　児童精神科の立場から　　　　　　　　　　　　　　小野和哉　85
　　Ⅰ　研究方法　86
　　Ⅱ　研究結果　86
　　Ⅲ　考察　90
　　Ⅳ　まとめに代えて　91

第2章　小児神経科から　　　　　　　　　　　　　　　　　小倉加恵子　93
　　Ⅰ　福祉関連施設における小児神経科医の勤務状況　93
　　Ⅱ　福祉関連施設に関する専門研修　95
　　Ⅲ　福祉関連施設における医療行為の困難さ　95
　　Ⅳ　福祉関連施設において医療は必要か？　96
　　Ⅴ　福祉関連施設における医療の充実に向けた対策　98
　　Ⅵ　福祉と医療との連携状況　99
　　Ⅶ　福祉と医療の連携を図るための課題　100

第3章　精神科から　　　　　　　　　　　　　　　　　　　田渕賀裕　103
　　Ⅰ　知的・発達障害者の入院治療の必要性と精神科病院の施設化の問題　104
　　Ⅱ　知的・発達障害者への入院治療における行動制限　106
　　Ⅲ　知的・発達障害者への薬物療法　107
　　Ⅳ　知的・発達障害者への行動療法・行動療法的アプローチ　107
　　Ⅴ　他科との連携について　108
　　Ⅵ　一般精神科医が知的・発達障害者への治療技術を習得するということ　109
　　Ⅶ　知的・発達障害者への精神科医療の問題点　110

第4章　強度行動障害を対象として　1　　　　　　　　　　會田千重　113
　　Ⅰ　強度行動障害に対する地域での医療拠点として
　　　　（災害支援や研修機関の役割も含む）　115
　　Ⅱ　強度行動障害のため処遇困難となった事例の,
　　　　福祉施設移行前の中間施設として　117
　　Ⅲ　重点的医療が必要な強度行動障害や，身体疾患に対する
　　　　医療的ケアが必要な重度・最重度知的障害児（者）の長期入院対応　119

第5章　強度行動障害を対象として2
　　　　──障害福祉分野における強度行動障害者支援と医療　　　志賀利一　125
　　Ⅰ　モデル事業と対象者　126
　　Ⅱ　3年間の経過　128
　　Ⅲ　モデル事業の可能性と限界　131

Ⅳ 知的・発達障害への医療

第1章 地域との連携を中心に
――成人期の知的・発達障害者の健康管理 ……………………………………… 志賀利一 137
- Ⅰ 要旨 137
- Ⅱ 調査の目的と方法 138
- Ⅲ 調査の結果から 139

第2章 人間ドックの実践 1
――いのちのバリアフリーをめざして ……………………… 江副　新 147
- Ⅰ 知的障害者の医療実態と健康障害 147
- Ⅱ 障害者ドックのスタート（'04 年） 149
- Ⅲ 障害者ドックの実際 150
- Ⅳ 実績と成果 153
- Ⅴ 問題点と課題 155

第3章 人間ドックの実践 2 ……………………………… 大屋　滋 157
- Ⅰ モデル事業の目的と意義 157
- Ⅱ 受診者と検査項目 157
- Ⅲ 事前の準備 158
- Ⅳ 結果と健康管理上の意義 162
- Ⅴ 障害者人間ドックの実施，および，障害者への適切な医療提供を行うための課題 162

第4章 人間ドックの実践 3
――医療と他分野の連携の現実 ………………………… 山脇かおり 165
- Ⅰ 発足までの経緯 165
- Ⅱ これまでの取り組み 166
- Ⅲ 考察 169
- Ⅳ 結論 171

Ⅴ 海外における福祉と医療の連携

第1章 イギリスにおける状況
――知的障害および自閉症スペクトラム障害のある人への医療と福祉・教育の連携 ……………………………… 堀江まゆみ 175
- Ⅰ 知的障害等のある人の「通常の医療提供」および「特別な配慮の医療受診支援」 175
- Ⅱ グレート・オーモンド・ストリート小児病院での優れた取り組み 179
- Ⅲ 権利擁護としての医療受診支援とその特徴 182
- Ⅳ イギリスにおける医療受診支援システムに関するまとめ 185

第2章　デンマークにおける状況
　　　　──知的障害および自閉症スペクトラム障害のある人への医療と
　　　　福祉・教育の連携 ………………………………………… 堀江まゆみ　187
　　　Ⅰ　デンマークにおける知的障害のある人への健康維持および医療受診支援　187
　　　Ⅱ　新たなASDをめぐる支援課題　194

Ⅵ　福祉と医療の連携における方向性
第1章　医療から ……………………………………………… 内山登紀夫　201
　　　Ⅰ　医療ができること　201
　　　Ⅱ　診断に関するもの　202
　　　Ⅲ　発達障害特性についての医学的理解と関与　203
　　　Ⅳ　福祉が医療にもとめるもの　205
　　　Ⅴ　身体管理　208
第2章　福祉から ………………………………………………… 田中正博　211
　　　Ⅰ　事例1：待合室で待てない　211
　　　Ⅱ　事例2：何をされるか分からない不安　212
　　　Ⅲ　事例3：仲間の様子を見て検査への不安が薄れた　212
　　　Ⅳ　事例4：注射が怖い　213
　　　Ⅴ　事例5：なかなか通院できない　214
　　　Ⅵ　医療との関わりが希薄な日常　214
　　　Ⅶ　受診が困難な理由と家族が抱える不安　215
　　　Ⅷ　施設での健康診断についての取り組み　215
　　　Ⅸ　知的障害のある人が医療を受けるポイント　216
　　　Ⅹ　障害や特徴を医療者に伝える　217
　　　Ⅺ　医療にかかりにくい医療困難者をサポートするツール　217
第3章　行政から──地域特性を意識した発達障害支援 ……… 加藤永歳　219
　　　Ⅰ　発達障害者支援法と発達障害支援　220
　　　Ⅱ　発達障害者支援センターと地域支援　221
　　　Ⅲ　地域特性に応じた発達障害支援体制　223
　　　Ⅳ　発達障害支援における地域の医療体制の構築　225
　　　Ⅴ　成人期における発達障害支援　226

　　　編者あとがき　229
　　　執筆者一覧　231

＊障害について
法律上は障害になっているが，行政単位によっては，障碍あるいは障がいを使っている．本書では，基本は障害として必要に応じて，障碍あるいは障がいを使用する．

I

総　論

知的・発達障害における福祉と医療の連携

市川宏伸

はじめに

1. 知的障害および発達障害について

　知的・発達障害は日本の障害概念としては新しいものである。明治以降の障害概念は，盲・聾を初めとして，身体障害が続き，その後に知的障害，精神障害，発達障害などが知られるようになった。このことは，障害児教育の歴史を考えると，理解できる。盲・聾は明治時代から支援が行われ，知的障害については，昭和30年代に知的障害福祉法が施行されてから，知的障害療育手帳などが配布され，公的支援の対象になってきた。一方，発達障害については，平成17年に発達障害支援法が施行されてから，支援の対象になってきた。知的障害は軽度の場合は通常との区別は難しい点もあり，この尺度としては，長らく知能指数（IQ：Intelligent Quantity）が使われてきた。一般的には，知的障害療育手帳ではBinet式の検査，医療の診療にはWechsler式などが使われている。発達障害は発達障害支援法の中にその定義が書かれており，ICD-10（International Classification of Diseases：WHO）のF8〜F9をその対象としている（表1参照）。代表的障害としては，広汎性発達障害，多動性障害（注意欠如多動性障害），学習障害，コミュニケーション障害，発達性協調運動障害，チック障害などがあり，一般人口の約10%程度と考えられている。「軽度の知的障害や，発達障害では抱える困

表1　障害者支援

	法	法	法	手帳	手帳
	精神保健福祉法	知的障害者福祉法	発達障害者支援法	精神保健福祉手帳	知的障害療育手帳
F0：症状性を含む器質性精神障害	■			■	
F1：精神作用物質による精神および行動の障害	■			■	
F2：統合失調症，分裂病型障害および妄想性障害	■			■	
F3：気分障害	■			■	
F4：神経症障害，ストレス関連障害および身体表現性障害	■			■	
F5：生理的および身体的要因に関連した行動症候群	■			■	
F6：成人の人格および行動の障害	■			■	
F7：精神遅滞（知的障害）		■			■
F8：心理的発達の障害			■		
F9：小児期および青年期に通常発症する行動および情緒の障害			■		

難が軽度であり，通常の教育でも対応可能な者もいる」，と考えられている。

通常教育でも対応可能ということは，障害の有無が明確でない事にもつながり，長らく公的支援の対象とされてこなかった。外見的には障害の存在が不明確であったため，本人は困難を抱えているにもかかわらず，周囲からはその困難が理解されず，「努力が足りない」，「怠けている」と注意・叱責の対象になる事が多かった。時には本人も発達障害の存在に気づかず，注意・叱責の結果として，自己評価が低下し，自己不全感・劣等感に苛まれることも珍しくなかった。

2．強度行動障害概念について

筆者が昭和57年に児童精神科の専門病院に奉職した頃，児童精神科に来る患児は，①統合失調症・気分障害などの本来思春期以降に発症して来る精神疾患群，②不安が根底にある不安障害，強迫性障害，不登校などの神経症群，③知的障害，自閉症，微細脳機能不全（MBD：Minimal Brain Dysfunction）など3群が中心であり，ほぼ拮抗する人数であった。やがて③群が増え，現在の神経発達症群などが全体の約60％を占めるまでに増加して行った。昭

表2　強度行動障害判定基準表

行動障害の内容	1点	3点	5点
1　ひどい自傷	週に1，2回	1日に1，2回	1日中
2　強い他傷	月に1，2回	週に1，2回	1日に何度も
3　激しいこだわり	週に1，2回	1日に1，2回	1日に何度も
4　激しい物壊し	月に1，2回	週に1，2回	1日に何度も
5　睡眠の大きな乱れ	月に1，2回	週に1，2回	ほぼ毎日
6　食事関係の強い障害	週に1，2回	ほぼ毎日	ほぼ毎食
7　排泄関係の強い障害	月に1，2回	週に1，2回	ほぼ毎日
8　著しい多動	月に1，2回	週に1，2回	ほぼ毎日
9　著しい騒がしさ	ほぼ毎日	1日中	絶え間なく
10　パニックがひどく指導困難			あれば
11　粗暴で恐怖感を与え，指導困難			あれば

和50年代，不登校は特別の子どもに生じるものとされ，教育では対応しなかったため，医療現場に大勢来院していた。「不登校は誰にでも起きるものである」と教育界が認めたのは後になってからである。就学前の病棟には，知的遅れの重い児童が入院しており，さらに大勢の子どもが入院半年待ちの状態であった。出生数が減少し，幼稚園や保育園で障害児を引き受けるようになったのはだいぶ後になってからであった。この頃，思春期を迎えた知的障害の重い患児のための病棟があり，男性を中心に30名以上在院していた。これらの中には，心因論に基づいて保護者が"愛情だけを注いで"育てた自閉症者もいた。彼らは成人になっても自分で排泄，着脱，摂食ができず，入院を引き受けてくれる病院も，福祉施設もなく，長期間在院になっていた。この状況は福祉施設でも同様であり，知的障害児施設にいて行動上の課題が激しい者ほど，知的障害者施設が引き受けないため，成人になっても知的障害児施設にいることは珍しくなかった。福祉においては，これら行動上の課題が多い入所者は，強度行動障害者として扱われていた。行動上の課題を頻度別に分けて点数化（満点55点）し，10点以上を強度行動障害者，20点以上を強度行動障害処遇事業対象者とした（表2参照）。処遇事業対象者は特定の福祉施設で1年間対応して，改善されれば元の施設あるいは自宅に戻る

事とした。改善されない場合は，2回まで延長可能であり，最長3年滞在した。この事業については，平成2年～9年まで厚生労働科学研究（石井哲夫主任）で報告されているが，改善は不十分なものであった。これについては，後にこれらの報告書の検討が，別の厚生労働科学研究（奥山真紀子主任）で行われた。石井班の報告書を検討した杉山登志郎ら（2010）は，「行動障害の80％は自閉症の青年期パニック」であり，「行動障害の多くは知的障害ではなく発達障害と考えるべき」「背景を考慮しない不十分な行動障害分析をしても意味がない」「多方面からの検討，医療と福祉の協働が必要」であると検討づけた。

I　医療における強度行動障害への対応

　前述したように，筆者が昭和57年に児童精神科に奉職した頃は，病棟在院者の約40％は知的障害の重い長期在院者で，家庭では引き取りできないが，施設も引き受けてくれない人々であった。家族と話し合っても，「入院した際に，『完全に良くなるまで面倒を見てくれる』と言われた」と数十年前の話が出てきて，退院を拒否されることもあった。統合失調症やうつ状態・双極性障害などの治療を中心とする成人の精神科病院で引き受けてくれるところはなく，入院する際には勤務していなかった病棟担当医では退院を説得できなかった。当時，福祉施設の多くは入所すると，本人に出ている障害年金を施設に収めるところが大部分であったが，病院では年金は家族の自由になっていたことも，家族が退院を望まない一因であったと思われる。その結果，長期在院者の平均年齢は20歳代～50歳代にわたっており，児童青年精神科病院とは言い難い状況があった。その後も，新しい施設が設立されると少数名が入所のため退院して，最終的に長期在院者がいなくなったのは，約30年後の平成22年の春，病院が世田谷から府中に移転する前日であった。強度行動障害の原因はさまざまであり，外科的対応もできないし，二次的症状に対症療法的に抗精神病薬を使うくらいしかなかった。病院は症状が改善して，退院して社会に戻るのが前提であり，毎日，散歩と生活介護が中心で，退院が覚束ないのでは，医療スタッフの士気も低下して行った。一方で，行

表3 神経発達症群／障害群（DSM-5）

・知的能力障害群
・コミュニケーション症群／障害群
・<u>自閉スペクトラム症／障害</u>
・注意欠如・多動症／性障害
・限局性学習症／障害
・運動症群／障害群
　チック症群／障害群
・他の神経発達症群／障害群
＊ICD-11版でもこれに近いものになる？（2019年6月）

う医療行為も減り，働く意欲が少ないスタッフには居心地の良いものになって行った。退院が減れば入院も困難になり，施設化して行くばかりであった。「どうしたら脱施設化して，医療施設に戻せるか？」が当時の私の考えていることであった。

　病院は社会情勢を反映した存在でなければ，生き残りは難しい。少子化の波の中で，幼稚園や保育園でも障害のある児童を受け入れるようになり，平成12年には就学前の児童病棟は廃止された。この頃から発達障害が社会を賑わせるようになり，教育界での対応が遅れていたため，学童病棟の入院者は増加し，注意欠如多動性障害（ADHD：Attention Deficit Hyper Activity Disorder）などの児童で溢れるようになった。知的障害を伴う自閉スペクトラム症（ASD：Autism Spectrum Disorder）の患児を上回る，高機能と呼ばれる知的障害のない児童が外来に来るようになった。ASD，ADHD，限局性学習障害（SLD：Specific Learning Disorders）などを抱える子どもが増加し，外来初診者の約60％を占めるようになった（表3参照）。

　知的障害児施設では，スタッフがぎりぎりであることもあり，行動上の課題が激しい子どもへの対応に苦労していた。夜間の対応が必要な場合は，病院で短時日預かり，数カ月して落ち着いてから施設に戻るという入院を可能にしたところ，多くの施設から利用者の紹介があった。一方で，福祉施設からは，「こんな大変な子どもは病院で診るべきだ」と入院と同時に在籍を解消する施設もあった。退院して施設に戻る段になると，「医療施設で診なければいけない子どもをどうして施設で診なくてはいけないのか」という施設

もあった.この頃,福祉は措置で対応する時代であったため,東京都児童センターに仕切りをお願いした.このことから分かるのは,「福祉は医療を理解していない」,「医療は福祉に無関心である」ということであった.

II 福祉施設における強度行動障害への対応

　平成2〜4年まで,都内の知的障害児施設の医務科長として出向した.生活棟が10ある,収容規模150名で,全国的にも巨大な施設で,知的障害療育手帳の1・2度の18歳未満が本来の対象であったが,成人になっても施設に移れない者も一定の割合いた.医務科には,医師,看護師,歯科医師,歯科衛生士,薬剤師,放射線技師など15名ほどが在籍していた.生活棟から要望があれば医務科から訪ねて行き,必要なら医務科で対応をし,専門性が必要な場合は,近所の医療機関を紹介したり,入院医療機関に紹介状を書いていた.施設利用者は,印象的には知的障害を伴う自閉スペクトラム者が約80％で,残りは結節性硬化症,小頭症,ダウン症,重度てんかんなどを持つ知的障害児であった.医療との関わりあいを持っていない利用者も大勢見られた.それ以上に驚いたのは施設スタッフの医療への忌避感であった.

　ある生活棟で,てんかん発作を持っている利用者があり,さまざまな抗てんかん薬を使っても発作が収まらない児がいた.発作を収めないでおけば,知的水準はさらに低下する可能性があり,抗てんかん薬の使用が第一選択であった.医師は発作が収まらなければ,薬物量を変更するか,薬物の種類を変更する必要がある.何回か変更しても変わらないので不思議に思い,生活棟のスタッフの勤務状態を調べさせてもらった.発作が起きているのは,特定のスッタッフが準夜帯に勤務している日だけであることが分かった.そのスタッフを呼び出して聞いてみると,「医療は利用者をモルモットにしているものであり,私が医療の魔の手から利用者を守っています」との説明であった.必要な治療を受けさせないのは,"医療を受けさせない虐待"に当たると考え,施設長,副施設長から呼び出して注意をしてもらった.その後,利用者のてんかん発作は激減したところを見ると,そのスタッフは確信犯だったと思われた.彼は自分が風邪をひいた際は,「薬をください」と言ってき

たので，びっくりしたのを覚えている。確かに，現在も"医学モデル"，"生活モデル"という考え方があり，「医療は患部ばかり見ていて，患者さんを診ていない」と福祉の世界では言われている。40年間，児童青年精神科の医師として勤務してきて，この考え方は全く理解できない。「患部を探し出して，その部分だけを治療して終わりにする」と言いたいのであろうが，それは外科など限定された領域である。児童青年精神科領域では患部が何処か分かる場合は少なく，治りにくい場合には一生患者さんとお付き合いする場合もある。"医学モデル"をこの分野に対して適用しようとするのには無理があると思った。その後，施設の中で6回ほど医学研修会を夜間に開催したところ，勤務が終わったスタッフも，勤務時間外のスタッフも大勢参加してくれた。このことから，「福祉スタッフは医療について，よく理解していなかった」，ということが分かった。このような研修会を開催して以降，医務科と生活棟の関係も良い方向に向かった。しかし，医療側にも問題はあり，「福祉の事情は分からずに，上から目線で対応する，医療スタッフがいる」のも事実である。お互いに相手の立場，得意な点・苦手な点を理解するという，連携の基本ができていないと考えられた。

　施設の中にも，"強度行動障害"の方が多数を占める生活棟があった。行動上の問題が激しくて，知的障害者施設が引き取ってくれない30代の利用者もいた。職員の大多数は男性であり，女性は少なかった。そこで私が驚いたのは，"力による支配"であった。行動障害を有する利用者に対して，力で押さえつけていたため，利用者は力の強い者には服従し，弱い者には暴力を奮っていた。ある時，屈強そうな男性利用者が医務科に連れてこられた。下の前歯が2本欠けており，「どうしてこのようなことが起きたのか？」と問うと，「愛情の発露です」とスタッフは平然と説明し，自ら乱暴していたことを認めていた。歯の根が付いていたので，すぐに救急歯科に紹介状を書いたが，このようなことは日常的な出来事であろうと思われた。スタッフの中には，「われわれしかこんな大変な利用者は見られない」という，"肥大した自負"がある者も少なくなかった。「なんと言われようと，20年以上このやり方でやってきたので，これがいいのだ」と平然と言い放つスタッフもいた。一番心を痛めたのは，新人のスタッフがそれを真似てしまうことだった。

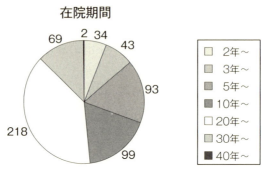

図1 長期在院発達障害者

この考え方では，利用者を第一に考えていないことは，明らかであった。一方で，このような現実を見て，幻滅して辞めていくスタッフもいた。医療でも似たことがあったが，福祉ではもっと驚く現状があった。部屋に鍵をかけて利用者を隔離することもあったが，法律的根拠は示してもらえなかった。医療と同じで，児者転換（移行）がうまく行ってなかったことが，障害児の現場を一段と厳しいものにしていると思われた。

Ⅲ 知的・発達障害児者と医療

知的・発達障害児は，時間を経れば障害者になって行ったが，医療においても福祉においても，彼らを継続的に対応していくシステムは機能していなかった。筆者は平成17年〜19年まで，厚生労働科学研究を組み彼らのおかれている現状を調べてみた。特に，一時的な居場所である精神科病院に長期在院している人々を調べたかった。平成19年の厚労科研（班長市川宏伸）調査報告書では，国立の成人精神科病院に在院している知的・発達障害者は558名であり，在院期間は2年以上34名，3年以上43名，5年以上93名，10年以上99名,20年以上218名,30年以上69名,40年以上2名であった（図1参照）。平成27〜29年度の厚労科研（班長市川宏伸）の報告書では，ワンデー調査による長期在院の知的・発達障害者は国立病院機構で510名，日本精神科病院で975名であり，そのままの比較は難しいが，国立病院機構では増加，

変化なしの割合が多く，日本精神科病院では大きな変化は見られなかった。知的・発達障害者の医療については，国立病院機構の病院が一定の役割を占めているように思われた。知的・発達障害者が精神科病院に長期入院して大きな変化が生じるとは思えず，退院しても，家庭や施設に受け皿がないことが反映されていると推測された（市川・他，2008）。長期在院によるマイナス面としては，多量の抗精神病薬使用による福祉施設移行困難が挙げられる（志賀，2017）。

おわりに

最近，外来で会う発達障害児者の多くは，ASD，ADHDなどと，単一の疾患では診断できない者が多く，"発達障害"とまとめて支援を考えることは意義がある。発達障害は平成17年度から定義づけられたが，知的障害は昭和30年代から単独で支援の対象になっていた。近年の医療における診断基準では，知的障害も発達障害も神経発達症としてくくられることが多く，分ける意義は乏しくなっている。その背景は，これまで知的障害の目安となっていた知能指数（IQ）が社会適応度と並行しないことが明確になりつつあることと関連する。教育など，これを目安にして就学学級を決めることも現実的でないことになる。発達障害者支援法が施行されるまでは，知的障害のある自閉症のみ支援の対象であったが，知的障害のない発達障害が支援の対象に入ったことは重要なことである。福祉の世界でも，知的障害療育手帳を基に支援をしていたが，知的障害が軽くても対応の難しい児者の存在は知られており，知的障害療育手帳を基にした支援から，強度行動障害支援事業，支援程度区分の設定など，実情に合わせる試みが行われてきた。平成になってから生じている，大規模災害においても，感覚過敏などがあり，障害者の避難する施設が，「発達障害者には使用しにくい」ということが指摘されている。阪神・淡路大震災，中越地震，東日本大震災などでも指摘されたが，未だ試行錯誤の段階であり，解決されていない。医療では，主として知的・発達障害児者を担当する小児神経科医，児童青年精神科医は限られた数しかいない。専門性の高い医師は，地域差はあるものの，相変わらず少なく，初

診3カ月待ちという状態は珍しくない。発達障害児が成長して成人となっても，成人を担当する医師の多くは統合失調症や双極性障害・抑うつ状態などを専門として，知的・発達障害の診療には慣れていないため，児童青年精神科医が担当することになる事が珍しくない。まだ社会的に適切な理解が進んでいないために，司法の世界でも，十分な支援が行われているとは言えない。一部のマスメディアの偏った報道により，世間では「発達障害者は犯罪の加害者になりやすい」という，間違った理解が進んでしまっている。司法精神医学に携わる精神科医が発達障害を十分に理解していないことも含め，警察，検察，裁判所，弁護士の適切な理解が進んでいないため，疑問を感じる判決が時に生じる。

　さまざまな分野で，知的・発達障害児者への支援が試みられるが，その多くは「知的・発達障害児者がどうしたら社会に適応できるか」という発想であるが，本来は「どうしたら，社会が知的・発達障害児者に住みよい社会になるか」を考えるべきである。人口の約10％とされる発達障害児者に住みやすい社会は，誰にでも住みやすい社会になるはずである。このような考え方に基づき，この本を編集した。執筆に協力していただいた方々は，障害者政策総合研究事業（身体・知的等障害分野）（主任研究者，市川宏伸）に協力してくださった方々である。

文　献

杉山登志郎, 他（2010）強度行動障害の再検討その2　厚労科学研究における強度行動障害研究の再検討. 小児の精神と神経, 50（3）; 247-257.

市川宏伸, 他（2008）厚生労働科学研究費「発達障害（広汎性発達障害, ADHD, LD等）に係わる実態把握と効果的な発達支援手法の開発に関する研究」平成17～19年度　総合研究報告書.

志賀利一（2017）障害福祉サービスとしての強度行動障害者支援の到達点と課題. 国立のぞみの園紀要, 10; 61-83.

II

福祉施設における医療の現状

第 1 章

福祉の立場から

山本あおひ

　知的障害者（児）支援の現状においては，平成 26 年の障害者権利条約の批准により，国内法が改正され支援の考え方にも大きな影響を与えた。中でも意思決定支援が制度内に組み込まれ，本人の意思を尊重するという知的障害者支援の最も重要な部分を法律によって明確にした。障害者虐待防止法，障害者差別解消法の整備は支援者への警鐘となり，支援のあり方も問われるようになった。障害者差別解消法に言われる，合理的配慮については，障害がある人がない人と平等に人権を享受し行使できるよう，一人ひとりの特徴や場面に応じて発生する障害や困難さを取り除くために，個別の調整や変更をすることが求められている。これはさまざまな場面において，行われるべきであり健康を維持する，医療を受けるなどの権利においても，大きな課題となっている。

　知的障害者が救急の状況で多くの病院から対応できないと，拒否されることはよく聞かれることであり，障害当事者の権利が擁護されているとは言い難い。また知的障害を理解する医者や看護師は少なく，福祉施設での医師，看護師不足は深刻な問題となっている。

　現在では旧来の入所施設による支援体制から，地域でのその人らしい当たり前の生活を送るという地域移行の考え方の広がりにより，グループホーム，通所施設の整備も進み，これまでの入所施設内での医療から地域での障害者医療が求められ，問題はさらに複雑化している。

I　入所施設における課題

　成人期の入所施設においては，高齢化，重度化，虚弱化が進み，終末期の看取りも行われるようになる一方，発達障害や強度行動障害の問題等による，多様な専門性と支援力も求められている。通院や入院，医療的ケアが必要な利用者も増加し，日常的に医療が必要とされる場面が増加している。施設内での医療環境の再整備も必要で，看護師と栄養士，理学療法士，作業療法士，心理師などの専門職の導入が進められている。他職種間でのスタッフの連携が欠かせないが，専門性や考え方の違いからくる，職種間の乖離が埋められない状況もあり今後の課題となっている。

　障害の重度化や複雑化により，強度の不適応行動，生育環境による強度の不安症状や精神症状，基礎疾患を伴う高齢化および虚弱化，運動機能障害や疾病等による身体の機能低下など，個別の特徴やニーズに対しては支援力だけでは補えないのが現状で，施設生活の中で医療的な介入が不可欠となっている。

　施設利用者の多くが服薬しており，嘱託医らの問診時の課題もある。支援スタッフが利用者の病態を正確に伝えることが求められているが，医療知識の有無や利用者の状態への認識がスタッフによって異なり，医者に必要な情報が伝わらないこともあり，受診時に必要な情報を的確に出せるスタッフの育成が必要とされている。

II　高齢化，虚弱化への対応について

　高齢，重度化により虚弱化した利用者が増加する中で，強度行動障害のように行動が激しい利用者が，同じ施設内で共同生活をしている実態がある。ユニットケアのように，住み分けできる施設では大きな問題は起こらないが，そうでない施設においてはさまざまなトラブルが派生する生活環境にある。支援においてもそれぞれ専門性や課題の違いがあり，スタッフの支援時の困難さも増している。

高齢化により利用者の体力や身体機能の低下は年々顕著となり，終末期を視野に入れた支援が必要な利用者も出てきている。身体機能の低下からくる利用者の精神的不安や苦痛の緩和が生活の中での課題となっており，看護師と支援スタッフの生活支援上の連携や，機械浴等の環境の整備も必要となっている。

　成人期利用者の高齢期へ向けての課題もあり，急激な体調の変化に気が付きづらく，変化を受け入れることが苦手な利用者が多く，精神的ストレスを抱えてしまう人への配慮も欠かせない。このような中で日常生活の細かい観察が生活上のQOL（Quality of Life：生活の質）をあげることに繋がり，生活習慣病を予防する支援を取り入れていくことも重要である。

　知的障害者にみられる早期老化については，基礎疾患，生活環境，障害の程度で異なり個人差もある。そのため日常生活行動の退行，身体機能の低下には個別的な配慮が求められる。

　支援者には利用者の「老い」に向き合い，全身機能の低下の著しい進行状況に対応した，高齢期の支援が必要である。近年，高齢者施設との連携も行われており，高齢者のデイサービスへの受け入れも進んでいる。しかし，高齢障害者の日常的な慢性疾患に対応してくれる病院はまれで，病院探しも施設看護師の重要な業務になっている。嘱託医らによる対応も，進んでいく高齢化や看取りケアのハードルを上げている。

Ⅲ　入所施設における健康維持のための取り組み

　看護師による保健衛生指導（爪切り，耳垢取り，皮膚の状態の把握等）は生活の場において欠かせない業務である。毎日の看護師の巡回による，利用者の健康状態の観察と支援スタッフへの引継ぎは，健康を維持するための重要な日課である。

　毎日の歯磨きの実施，口腔センター等による定期的な検診や治療の実施とともに，地域の歯科での受診により，より身近な場所での医療機関の利用を進めることも今後の課題である。行動障害やコミュニケーションが難しい利用者の歯科治療については，口腔センター等に限られているのが現状であ

り，歯科医師の障害理解が進み地域医療がこれまで以上に進むことが期待される。

　食事支援は高齢化や身体機能の低下により，多様で個別的な取り組みが必要となっている。食事の摂取状況や嚥下能力を正しく理解し，提供する食事の形態を決め，介助の方法を支援スタッフに指導できる看護師の存在が施設の中では欠かせない。

　嚥下能力の低下により，誤嚥性肺炎を起こすリスクの高い利用者も増加傾向にあり，常食から軟採食，きざみ食，ソフト食など，それぞれの嚥下状態に合わせた食事にしていくためのアセスメントが重要となり，栄養士，看護師，支援スタッフの連携が重要となっている。

　高齢化により理学療法士による機能訓練を必要とする利用者も増加している。しかし知的障害者の機能訓練ができる理学療法士を施設で雇用していくためには，人的資源や専門職加算等の加配も必須である。

　高齢化により基本的動作能力が低下している利用者が，日常生活を安定して送れることは，今後の入所施設の大きな課題である。

Ⅳ　強度行動障害がある人の施設での生活

　入所施設には多くの強度行動障害がある方が暮らしている。その行動の激しさや支援の困難さは，施設における大きな課題となっている。家庭において暮らせなくなった人の行き場としての機能が入所施設の一つの役割ともなっており，生きづらさを持つ人の最終的な居場所にもなっている。日常的に続く物損，パニック，他傷，自傷，こだわり行動，行動停止等の問題は顕著で，高い支援力と環境調整，医療との連携が不可欠である。支援者の問題としては，新卒，女性職員，非常勤職員がパニックや他傷行為に遭うというリスクの中で，少ない男性職員が交代で対応するという，一時的な処置で日々をしのいでいる事も珍しくない。近年，国の強度行動障害支援者養成研修の広がりにより，専門性のある支援が行われるようになり成果を上げ始めている。

　強度行動障害がある人の生活や支援は，医療とのかかわりを抜きにして考

えることはできない。診断名を知ること，知能・発達のレベルの評価，身体的・精神的合併症など，支援に必要な情報を知り，いわゆる氷山モデルにおける水面下の状況を検討していくことが重要である。受診する際には本人の状況や，どんなことに困っているかを医療スタッフに説明し，本人，家族や支援者の視点から，主訴とニーズを整理して伝えることで医師の判断の材料とし的確な医療を受けられることが問題の解決に繋がる。治療の際には薬物を使うことが多いが，施設の中で多いのが誤薬（指示通りの服薬ができないこと）である。施設ごとにダブルチェックや服薬マニュアルの利用，薬剤の管理方法等，さまざまな工夫をしているがそれでも十分な配慮がないと誤薬は無くならない。

支援スタッフが医療知識を持つために，研修や現場でのOJT（On-the-Job Training：現任訓練；職場で実務をさせることで行う職業教育）にも力を入れていく必要がある。薬物療法でできることは限られているといわれているが，薬物の投与は重要であり，特に攻撃性，器物破損，興奮，気分の易変性などの緩和は，生活の質の問題に大きく影響を及ぼしている。一方で薬物の多量投与が，不必要な薬物投与に通じるところもあり，支援者と医療スタッフの連携による適正な服薬管理がキーワードとなる。医療が知的障害や自閉症を完治させるわけではなく，医療を有効に使い本人の苦痛を緩和し生活の質を上げることが今後の課題である。

V 医療的ケアが必要な利用者の状況について

高齢化の進行に伴い，医療的ケアが必要な利用者が増加傾向にある。これまでは医療的ケアが必要な利用者は，限られた公立施設あるいは病院へ移行して行ったが，たんの吸引，胃ろうなどの特定業務を支援者が資格を取得して行うケアについては，合理的配慮の考え方も進み，入所施設，通所施設でも行われるようになった。しかしこの研修に充てる時間やマンパワーは施設が独自で確保するしかなく，加えて命に関わる支援業務を一般職員が行うことの不安や心理的負担，リスクとの背中合わせであるのも実情である。

医療的ケアの必要な利用者の受け入れには，生命と安全を守るためのハー

ド・ソフト両面での体制整備が欠かせない。看護師の確保や医療機関との連携，摂食，嚥下等身体機能に応じた食事の提供，通所施設においては専門的な送迎車両の配置と運行等も不可欠で課題は多い。医師・看護師の確保自体が大変な状況に加えて，支援スタッフの増員，理学療法士等の専門職の配置に対しても基盤強化が必須である。

　福祉施設の中では医療の問題はまだ多くの課題を抱えている。利用者を取り巻く環境が，医療，支援の双方向から整備され，安心，安全な暮らしの場になることが求められる。

第2章

看護師の立場から

根本昌彦

I　利用者の状況

1．自立支援と意思決定支援

　日本の福祉サービスは，社会福祉基礎構造改革によって措置から自立へと大きく変化した。その流れは障害者権利条約等の批准によりさらに加速している。この流れにより自立支援がスタンダードとなり，現在では意思決定支援が推進されつつあり，自立支援の重要なポイントになっている。このような状況において，医療という人道的配慮や疾病の状況等によって制約を受ける場面であっても，"本人らしさ"を損なわないためには意思決定支援は欠かさざるものであり，最大限配慮すべきものである。

2．高齢化と虚弱化の現状

　障害者の自立が進む中，もう一方では施設入所利用者の高齢化が顕在化している。入所者の年齢階層別状況では，65歳以上が16.7％である（東京都第七期障害者施策推進協議会）。しかし知的・発達障害の当事者には，高齢者（65歳以上）でなくとも，胃瘻や導尿カテーテルの使用等一部医療行為が必要な状態な方々，ダウン症に見られる早期高齢化が顕著な方も少なくない。このような早期高齢化状態にある方々は日常の支援を行う上でも虚弱化状態にあるものとして配慮する必要がある。このような虚弱化した方々を

含めた 60 歳以上の構成比に着目し先の 65 歳以上の割合に合算してみれば 27.0％となり，施設入所利用者の約 4 人に一人が高齢化または虚弱化している状況が見えてくるのである。

　この状況はすでに施設入所サービスやグループホーム等で，大きな課題となっており高齢者用ユニットを設置し専門的な支援を行う事業所も増えつつある。しかし，高齢化虚弱化対応は，同様な利用者を一カ所に集めることで解決するものではなく吸引や経管栄養等をはじめとした医療行為，食事，排せつ，清潔の三大介護や日常の健康管理等に関連した専門知識や技術も必要なものである。そのため，既存の生活支援員や看護師にもこれまでとは違った知識・技術が必要であり同時にサービス内容の転換に合わせてルーチンワークの変革と働き方の改革も必要であろう。

Ⅱ　知的・発達障害者施設の看護の実態

　利用者の状況は前節で述べてきたとおりであるがこの節では，平成 27 年度厚生労働科学研究助成費で行われた「医療的管理下における介護及び日常的な世話が必要な行動障害を有する者の実態に関する研究」(市川，2016) の調査結果の一部や，その他いくつかの知的・発達障害者施設で働く看護師の実態調査や資料を参考にしながら知的・発達障害者施設の看護の実態を通じて当事者の状況を考察していきたい。

1．施設看護の状況調査から

　施設看護の困難な点，改善点に関する意見では「常勤医不在による不安」「生活支援員との連携が難しい」「給与面での不安」「その他」の内容が多かった。

1）常勤医不在による不安

　常勤医不在による不安とは，主に「施設では常勤医師が不在のため，傷病に関する判断や指示に不安を感じる」といったものである。施設の看護師は，利用者の体調不良や怪我の様子や時には夜間電話対応を行っており，そのような場面で必要とされる判断やその責任の重さに不安を抱きやすい。また，

個々の利用者への対応のようなマクロな業務だけでなく施設全体に影響するメゾレベルの業務として，健康診断の企画運営や感染症対策（予防接種や感染症発生時の対応等），地域医療機関との連携等の業務があり，これらの業務は組織的な影響を考慮した判断が求められるものであり，管理業務経験がない看護師には困難なものである。

　医療機関であれば，業務上の判断の迷いや不安は医師や同僚看護師に相談やオーダーを受けることが可能である。しかし福祉施設では上司も同僚の多くも医療系専門職ではなく常勤医師は一部の事業所を除き不在である。看護師は看護学校等の養成課程や実務経験において福祉施設での業務や知的障害を含むさまざまな障害者の特性に合わせた日常的なサービスや多職種連携に関する看護の教育を十分に受けていない状況がある。

　施設の看護師は通院や回診で医師に障害者の特性や現在の不調の様子，施設のできることできないことを伝え有効な治療や健康管理の指示やアドバイスを受けなければならない。時に交渉に近いやり取りも必要である。しかしこのような場面で施設の看護師が戸惑いを感じるポイントがある。それは看護の経験上医療機関にあるような医師と看護師の関係性が通用しないところである。看護師は同じ組織に属さない医師とのコミュニケーションに意外と慣れていない。もちろん，連携期間が長くなるにつけ良好な連携関係を築けたケースもあろうが，看護師が代わる度にリセットされてしまうパターンの繰り返しも少なくないのではないか。

　その結果，医師に障害特性や施設の状況が伝わらず有効な治療が進まないこともあろう。このように，施設での看護師は医師の居ないまたは外部の医師との連携に困難さを抱えつつ障害者の健康管理を行っているが，近年では利用者の高齢化や虚弱化が進んでおり，それに伴って施設内での新たな医療行為の増加がありそのことも負担の増加と不安の要因になっている。

　施設で行われている新たな医療行為とは内服や便秘の対応やケガの処置等に加え，経管栄養やストーマの管理，インシュリン注射もある（東京都社会福祉協議会，2012）。さらに利用者が服用する薬も，てんかん治療薬や向精神薬，便秘の薬のような日頃扱っているものに加え糖尿病や血圧の治療薬，抗血栓薬等が加わり服薬種類の増加や誤薬時の重大な副作用のリスクにより

配慮すべき事柄が増えている。これらのことから，日常の体調変化の観察や対応もより必要性が増加していることも看護師の負担の要因である。

2）困難な生活支援員との連携

調査結果では，「生活支援員の健康管理面での技術不足」という回答が多くあった。具体的には，「(生活支援員が) 検温や脈拍測定ができない (または不正確)」「睡眠や排せつの状態観察において，経時的に一定の尺度を持って，表等を活用しながら報告する行為等が難しい」「生活支援員によって対応の差が激しい」等である。生活支援員が保有する資格は社会福祉士，介護福祉士や保母，初任者研修等の対人援助サービスに必要な資格をもつ者も多いが個々の所持する資格に統一性が無く，介護技術はあるが行動障害支援は未経験な方や育てる支援は得意でも心理面での支援は困難な方もいる。施設設置基準に生活支援員の資格条項は設けられていない。そのため健康面での観察や対応スキルを持たない生活支援員も少なくないことから健康管理のスキルがある生活支援員の勤務時間帯とそうでないときで健康管理や疾病の対応にレベルに差が生じてしまう。支援者と連携する看護師は，その時々の生活支援員の得意不得意に応じて情報の受取り方や提供方法，時には対応方法に配慮して判断や指示やアドバイスを行わなければならず生活支援員との連携の困難さを感じている。

3）給与に関する不満

この調査では，給与面の不満では，以前従事していた医療機関と比較して福祉事業所では「低賃金」や「医療的な判断に責任が重い割に給与が見合っていない」といった回答が多かった。

同様の調査を検索したが知的障害者の施設看護師の給与に関する調査は見つけられなかったが，日本看護協会が行った介護施設で働く看護師の調査において，一般職が約26万円（49.8歳），主任相当職が約28万円（51.2歳）であるのに対し，病院勤務の看護師は，一般職が約32万円（53.0歳），主任相当職が約33万円（50.1歳）であった（日本看護協会，2017）。知的障害者の施設と高齢者施設の基準や収入に関するさまざまな違いはあるものの，医

療機関と比べて福祉施設の看護師の給与が低めであることを伺わせる調査結果である。また介護施設では看護師用の給与表（基準）がないといった場合もあり，単に給与が低いだけでなく医療機関と福祉施設では専門職としての扱いが大きく違っていることも一因であろう。施設における看護師の労働をどのように評価すればよいのかについては，施設サービスの中で看護師が行うサービスの寄与度や，専門資格が持つ業務独占行為の内容等の責任の程度等の多角的な検証が必要である。

4）その他

その他の調査結果では，利用者の体調不良時に看護師が専門的な判断や指示を行ったにも関わらず，生活支援員またはその上司が覆す指示を出してしまうという回答者がいた。また，「利用者の状態把握が難しい」，「施設看護業務の理解を広めるためには看護教育カリキュラムに導入が必要」，「施設の看護業務マニュアルが無く業務範囲や組織のポジションが不明瞭」，「利用者に対する医療機関の診療拒否がある」，「施設で働いているとスキルが低下する」等もあり看護師が福祉施設で働くことの難しさが浮き彫りになった調査であった。

2．看護師養成における実態

先の調査結果の中にもあるように，施設看護業務の理解を広めるためには看護教育カリキュラムに夜間看護業務の導入が必要という意見がある。現場では知的・発達障害者の特性や施設で行う業務に関する知識経験不足からくる不安や不満が大きい。実際に看護師養成校のカリキュラムで知的・発達障害はどの程度扱われているか調べるため看護師養成校で使かわれる標準的な教科書で，知的・発達障害に関連する記述の量や内容の調査を行った結果，全47冊（総ページ数16,755ページ）中，知的・発達障害関連に触れた内容量は，122ページであり全体の約1％以下であった（目次，はしがき，あいさつ文を除く）。記述のあった内容の概要を以下に示す。なお，【】は科目名〈〉は小見出しである。【専門分野1（基礎看護学）】〈障害とは何か（ICIDH：International Classification of Impairments, Disabilities and Handicaps；機能障害・能力障害・社会的不利の国際分類・ICF：International Classification of Functioning, Disability and Health；国際生活機能分類（ICIDH の改訂概念））〉,〈生活と疾病〉〈障害の予防〉〈療育手帳〉〈身体障害者〉〈精神障害者等の統計数〉。【専門分野 2】〈ターナー症候群〉〈クラインフェルター症候群〉〈言語発達障害〉〈高次脳機能障害〉〈知能検査（遠城寺式・田中ビネー・WISC－Ⅲ）〉。【専門基礎分野】〈ダウン症〉〈ターナー症候群〉〈クラインフェルター症候群〉〈出生前診断〉〈ICF〉〈法律による疾病分類〉〈障害者権利条約〉〈就学就労〉〈発達障害者支援〉〈避難生活する発達障害事例〉〈家族支援〉〈就労支援〉〈アドボカシー〉〈エンパワメント〉。【基礎分野】〈オペラントトレーニング〉〈古典的条件付け〉。【別巻】〈運動障害〉〈障害の受容〉。等であった。これらの結果は，取り扱える量も質も明らかに少ないと言わざるを得ない状況である。取り扱われている内容は，広い知的・発達障害分野のポイントをおおむね網羅しているものの解説の分量が非常に少ない印象を受けた。さらに知的・発達障害を学生に教えているかどうかについて看護学校教員に聞いた（あくまでもフリートークとして）結果，知的・発達障害関連への指導は行われていないし難しいと話しており，教員にも経験者が居ないと話している。障害関連施設での実習の設定も無く（例外あり），障害者に関わった経験が無いまま看護師になるケースは多いと思われる。

Ⅲ　知的・発達障害に必要な看護機能とは

　生活支援現場における看護の役割とは，医療機関のように治療や社会復帰といった，明確な目標やある程度定型化されたプログラムによって行われるものではない。一人ひとりの障害特性は幅広く，生活環境，家族環境，支援者環境も多様な状況で行われるものである。その結果，怪我や便秘や感染症等といった課題であっても，医師や看護師だけでは解決できない事柄が多い。その反面，保健医療に絡まない課題であっても意外に医療専門職による介入が必要な課題もある。たとえばパニックや問題行動の背景に体調不良が隠されていたケースや，就労意欲が湧かないケースが実は服薬の調整が上手くいっていないこと等である。実際に多くの知的・発達障害者は，服薬治療をうけており，月に何度かの通院や回診で医師の判断や指示を仰いでいる。ま

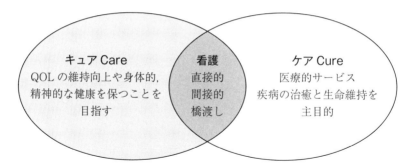

図 2-1　知的・発達障害者の生活支援における看護の役割
(厚生労働省「保健医療 2035」策定懇談会提言書を基に筆者が作成)

た，体調不良の早期発見早期対応が困難で，医療機関にかかるときにはすでに重症化しているケースも少なくない。

　元来，知的・発達障害者はコミュニケーションが苦手な特性をもつため，見えないところにも専門的な医療が必要となる場面が相当隠されているのである。この特性をサポートするには福祉サービスと医療サービスを点で結んでいては発見も解決も困難であろう。この解決策は生活と医療をシームレスに繋ぎ合わせる共働や連携といったマクロやメゾレベルの繋がりが必要である。その繋がりの要はその時々でさまざまな立場の者が担ってきているのが現状であり，家族，生活相談員，生活支援員，役所の担当者等が行っている。しかし，健康や医療に関連する内容は誰もが行えるものではない。知的・発達障害者の健康管理や体調不良時の福祉サービスと医療サービスの橋渡し役は看護師が適当ではないだろうか。

　厚生労働省は，新たな「社会システム」としての保健医療の再構築が必要としている。そして，"キュア中心からケア中心への転換"を提言している (保健医療2035)。このケアとキュアの転換や橋渡しにはすでに当事者の日常に深く関わり多職種とも連携している看護の専門性が欠かさざるものである(図 2-1)。

　以下に，看護にはどのような役割機能があるのかを具体的に示した。

1. 施設看護師の3つの機能

1) 直接的な医療行為の支援

　医療行為は看護師により日常的に行われている。たとえば浣腸や皮膚疾患の処置，薬の管理や記録等である。これらの行為には支援者が法的に行えないものがある。しかし現実には少人数の看護師が担えきれずに支援者が行っているケースも少なくない。看護師が配置されない事業所では慢性的に医療行為を支援者が行っているところもある。福祉や教育現場における医療行為については，長くさまざまな議論が進行中であるが，支援者が現実的に必要に迫られて医療行為を，看護師の仕事と縦割にするやり方には限界が見え始めている。それよりも，個々の当事者の状況に応じて横割にした看護師と支援者の分担にしたほうが得策ではないだろうか。看護師には，生活支援員が24時間行っている観察や一部担っている医療行為の技術指導や育成，経過のアセスメントやその結果を医師と共有し連携することに深く関わっていただくほうが専門的な役割が明確になる。特に観察の方法については，体調不良を自ら発信することが苦手な知的・発達障害者にとって，観察で得られた情報をアセスメントし，適切な医療に繋げられれば医療機関との連携も効率的で効果的になってくる。同時に，夜勤帯に看護師の配置が無い多くの事業所では，看護師による支援者への医療的な技術研修の企画や実施も有効である。感染症や災害時の対応等の組織的対応や予防策についても経営者に助言することもこの機能に含まれる。

2) コンサルタント機能

　知的・発達障害者の支援において健康管理に関する課題は多く，その結果支援者は健康管理について多くの不安を抱えている。施設現場でのインシデントの多くは誤薬や転倒であるし，てんかんや拒食，肥満，便秘の対応は日常的である。また，高齢化虚弱化の進行に関連した健康管理上の課題も増え続けている。この課題は生活支援現場，看護師，経営層がそれぞれ個々に取り組んでおりその全体像は看護師には見えていない。そして看護師の専門的なアドバイス無しに解決策が検討されていることも少なくない。看護師は，支援者から支援上に気付きや不安や小さな変化を傾聴し，受診科目の選び方

や受診に必要な情報は何か等のアドバイスを行うことや支援会議への出席，家族面談や家庭訪問にも適宜参加しコンサルタントすることを積極的に行えば看護師の医療面での専門性が最大限発揮されるのではないだろうか。

　経営層には，看護師によるインフルエンザや感染性胃腸炎等の感染対応に関連する，予防策や実際に感染症が発生した時の対策へのアドバイスが有効である。さらに，高齢化虚弱化し経管栄養や導尿等の留置カテーテルや，糖尿病によるインシュリン注射やたん吸引等が必要な方々の受け入れに関しては，医師の指示やアドバイスを基本に管理職や支援主任らが受け入れの可否を決定しているケースが多く，看護師の意見はあくまでも参考程度にされることが少なくない。しかし多くの医師は施設の設備や職員の資質等は知っていることは少なく疾病としての障害は知っていても，その支援に関する知識は持ち得ないことが多く，個々の特性については相当慣れている医師以外は理解が難しい領域となっている。もし医師が施設の状況や障害者の特性に詳しかったとしても，判断に必要な情報を施設側が適格に伝えられるかどうかは不明である。その点，施設の看護師は内部にいる唯一の医療の専門職であり施設の事情も当事者の特性も相当分かっている。このような看護師をアドバイザーとして活用することは有効である。しかし看護師には課題がある。看護師は全職員向けの何らかのプロジェクトを企画運用するような経験が少ない。普段から経営的な話にも関与していない。よって看護師は自らの専門性が経営にも役立つものであることを意識し積極的に関与する姿勢をもたなければコンサルタント機能の発揮は困難である。

3）マネージメント機能

　医療的な課題に関して，支援者と医療機関，家族と支援者，場合によっては行政担当者等に，それぞれが連携しながら解決に導くための調整を行う機能である。言い換えれば，多職種連携を円滑にする中心的役割となる機能である。相談支援事業も存在するが医療を伴うケースの相談に苦労しているケースを見ることがある。知的・発達障害者の医療的な支援には多職種連携は欠かせないものである。特に高齢化や虚弱化に関連するような利用者の健康管理や医療に関しては看護師がマネージメントすることが有効である。知

的・発達障害者の医療に関連する課題解決の現場にいる専門職という意味でも看護師が適任であるのではないだろうか。

2. まとめ

　自立支援や意思決定支援を含むサービスの更なる推進に合わせ，高齢化虚弱化が年々進んでいる。それに伴い施設内での医療行為は多様化している。このような状況において知的・発達障害者の近くにいる医療専門職である看護師の役割は増加し複雑化していくだろう。しかし看護師は今行っている業務に迷いや不安を抱えそれらを解消する仕組み（教育）も不足している。それでも知的・発達障害者の健康的な課題解決には看護師が今以上に専門性を発揮することが欠かせない。このことを実現するには越えなければならないさまざまなハードルがある。このハードルを乗り越えるには看護師だけが抱え込むのではなく経営層，支援者，行政等の協力が欠かせないものである。すべては知的・発達障害者の健康問題という基本的人権に関わる生き辛さを解決することに繋がるものである。

参考文献

有馬正高（1998）「知的障害をもつ人たちに見られる身体的疾病と生命の危険．『不平等な命　知的障害者の人たちの健康調査から』日本知的障害者福祉連盟．

有馬正高（1998）知的障害をもつ人達のライフステージと健康問題全国居住施設へのアンケート調査から．『不平等な命　知的障害者の人たちの健康調査から』日本知的障害者福祉連盟

市川宏伸（2016）（厚労科研費障害政策総合研究事業）医療管理下における介護及び日常的な世話が必要な行動障害を有する者の実態に関する研究報告書．

公益社団法人日本看護協会（2017）介護施設等における看護職員に求められる役割とその体制のあり方に関する調査研究事業報告書．p.49．

厚生労働省（2005）患者調査．厚生労働省社会・援護局障害保健福祉部作成．

厚生労働省（2005）平成17年度知的障害児（者）基礎調査（在宅者）．

厚生労働省（2006）平成18年度身体障害児・者実態調査（在宅者）．国勢調査H17．

厚生労働省（2013）平成23年度生活のしづらさなどに関する調査（全国在宅障害児・者等実態調査）．

厚生労働省（2015）保健医療2035提言書．（https://www.mhlw.go.jp/file/ 05-

Shingikai-12601000-Seisakutoukatsukan-Sanjikanshitsu_Shakaihoshoutantou/0000088654.pdf)
厚生労働省（2018）平成 28 年度生活のしづらさなどに関する調査（全国在宅障害児・者等実態調査）
志賀利一・村岡美幸（2015）障害者支援施設における健康診断の実施状況について．国立のぞみの園紀要．
東京都社会福祉協議会知的発達部会（2012）知的障害者の医療・看護の実態調査報告書．

第3章

医療の立場から 1
―― 障害者支援施設調査から見えてくるもの

高橋和俊・祐川暢生・中野伊知郎・大場公孝

はじめに

　近年の日本社会の高齢化に伴って，知的障害や発達障害のある人たちについても高齢化の問題がクローズアップされるようになった。旧制度下での知的障害者援護施設の年齢階級別在所者数の調査によれば，1980年には20代の利用者が多かったが，2009年には50代が最も多くなり，さらに高齢の利用者数も劇的に増えていることが指摘されている（志賀・他，2012）。2010年代以降は制度や調査方法の変更のため単純に比較できるデータはないが，高齢化がさらに顕著になっていることは確実であろう。

　また，近年の医療の高度化も一般人口同様に知的障害のある人たちの生活に大きな影響を及ぼしている。平均寿命が延び，生命予後が改善されてきた一方で，多くの人たちが医療を受けながら生活している。今後も医療の高度化はさらに進展することが予想され，福祉の現場における医療の比重はさらに高まっていくものと考えられる。

　知的障害のある人たちのための今後の福祉制度がどうあるべきかを考えていくうえで，これらの状況を正確に把握することは欠かせない。社会福祉法人侑愛会（以下当法人と略）では，当法人の運営する8カ所の障害者支援施設（施設入所支援）を利用されている成人の方々の医療の現状について2015年に網羅的な調査を行い，厚生労働省に報告を行った（高橋・他，

2016, 2017a, 2017b, 2018）。本章ではその結果の要点を紹介するとともに，それをもとに今後の施策について提言を行いたい。

I　調査結果の概要

1．障害者支援施設利用者のプロフィール
〈要点〉
- 調査対象は 444 名（男 292 名，女 152 名）
- 年齢は 18 歳〜90 歳（中央値：男 45.3 歳，女 50.5 歳）
- 知的障害は重度〜最重度が 3 分の 2
- 障害支援区分は区分 5 と区分 6 を合わせると 85%以上

（高橋・他，2016）

　今回の調査対象となった施設入所者の方々の特徴は，男性が多いこと，年齢の幅が広いこと，障害の重い方が多いことであろう。
　65 歳以上のいわゆる「高齢化率」は 17.3%，75 歳以上の後期高齢者は 7.2%で，施設内でも高齢化が確実に進んできていることを示している。しかし，いずれも一般人口における高齢化率（平成 24 年の総務省の人口推計でそれぞれ 24.1%，11.9%）よりは低かった。女性を 100 とした男性の人数（性比）は，65 歳以上では 102.6 とわずかに男性の方が多かったが，75 歳以上では 77.8 と逆転していた。しかし，一般人口（同資料で 65 歳以上 89.7，75 歳以上 61.8）に比べると，高齢になっても男性が多い傾向は変わらなかった。
　知的障害区分は，軽度 26 名（5.9%），中等度 110 名（24.8%），重度 144 名（32.4%），最重度 154 名（34.7%），不明 10 名（2.3%）と，重度〜最重度が 3 分の 2 を占めていた。知的障害区分ごとの年齢分布を中央値で見ると，軽度では 54.4 歳，中等度で 51.4 歳，重度で 45.6 歳，最重度で 42.6 歳と，知的障害が重くなるほど年齢は下がっていた。
　知的障害がある場合，身体合併症の頻度が高く，生命予後にも影響があることは以前から知られている（有馬，1998）。たとえば，平均余命は知的障害の程度と相関して短くなる傾向があり，我が国における人口 1,000 人あた

りの年間死亡数は比較可能なすべての年代で知的障害がある場合に有意に高くなっていることが報告されている。今回の調査では，高齢化率は一般人口よりもやや低く知的障害が重いほど年齢分布は低くなる傾向がみられたが，少なくとも部分的には平均余命の短さや死亡率の高さが関与している可能性があるものと考えられる。

　障害支援区分は，区分3が7名（1.6%），区分4が54名（12.2%），区分5が170名（38.3%），区分6が213名（48.0%）で，ほぼ半数が区分6であり，区分5と区分6を合わせると85%を超えていた。当法人の入所施設においては，全体的な障害程度の面でも濃厚な支援を必要とする人たちが多いといえる。

2．医療的ニーズの全体像

〈要点〉
- 年齢が高くなるほど，また知的障害が重くなるほど，日常生活動作機能（ADL：Activity of Daily Living）は低下していく傾向がある
- 厚生労働省の定義による医療的ケアは入所者3.7名につき1件
- 医療的ケアを受けている人たちは年齢が高くADLが低い傾向がある
- 医療機関は過去1年間に99.1%が何らかの形で利用している
- 90.8%の利用者が薬物療法を受けており，多剤併用が一般的(中央値6剤)
- 外来受診は入所者1名あたり年35.1回，入院は同1.3日

（高橋・他，2016）

　厚生労働省は，平成24年4月から，「社会福祉士及び介護福祉士法」（昭和62年法律第30号）の一部改正により，認定を受けた施設（登録特定行為事業者）においては，介護福祉士および一定の研修を受けた介護職員等が，たんの吸引（口腔内，鼻腔内，気管カニューレ内部）および経管栄養（胃ろうまたは腸ろう，経鼻経管栄養）を「『たんの吸引等』の行為」として認めている(認定特定行為業務従事者制度)。また，介護保険制度が始まって以来，介護現場での医療行為（医行為）の判断に混乱がみられたことから，原則医行為ではない（医療的ケアではない）と考えられる16項目（爪切り，検温，血圧測定，内服薬の介助，湿布の貼り付け，軟膏塗布，点眼，坐薬挿入，浣腸，

パルスオキシメーターの装着，耳垢の除去，口腔内の清潔，ネブライザーの介助，軽い傷などの処置，自己導尿のカテーテルの準備や体位保持，ストーマ装具のパウチに溜まった排泄物を捨てる等）を平成17年7月の厚生労働省通知で示した。

　今回の調査では3.7名に1人が厚生労働省の定義による医療的ケアを必要とし，年齢との相関も見られていることから，一般人口同様，年齢の上昇とともに医療的ケアの必要性が増している状況がうかがわれた。加齢とともにADLの機能低下が見られていることや，一般人口においても在宅医療が推進されていることを考えると，今後，入所施設における医療的ケアの必要性はさらに増していくことが推察され，そのような状況を見据えた体制整備が急務であると考えられる。

　医療の利用について見ると，1年間（入院については3年間）に医療機関をまったく利用しなかったのは4名（0.9%）と極めて少なく，施設入所している人は医療との結びつきが密接であることがうかがわれる。薬物療法だけを見ても，まったく受けていない人は9.2%にすぎず，90%以上は何らかの薬物療法を受けており，しかも多剤併用が一般的であった。薬物の内訳では内服薬が最も多かったが，外用薬や点眼薬も少なくなかった。

　外来受診や入院から見ても，一施設1日当たり5.3名の医療機関受診があり，入所者1人当たりでも年間1.3日の入院がある状況は，やはり施設入所している人たちへの医療の必要性の高さを示しているものと考えられる（4. 医療機関の受診状況で詳述）。

　これらの結果からは，入所施設における健康問題の頻度の高さに加え，医療的ケア，薬物療法，医療機関受診など医療的な問題に関わる職員の負担が施設運営に大きな影響を与えていることが明確であり，この点からも医療の必要性を考慮に入れた体制整備について改めて検討が必要である。

3. 薬物療法

〈要点〉
- 1人当たりの薬剤数の最頻値4種類，中央値6種類，最大値27種類
- 年齢が高く，ADLが低く，医療的ケアを受けている場合に薬剤数が多

くなる傾向がある
- 精神・神経科薬の使用率が最も高く（57.9％），次いで皮膚用薬，消化器用薬
- 抗てんかん薬の使用率は36.3％（単剤37.9％，2剤以上62.1％）
- 抗精神病薬の使用率は31.8％（単剤62.4％，2剤以上37.6％）
- 睡眠薬の使用率は27.9％（単剤82.5％，2剤以上17.5％）

(高橋・他，2017)

　障害者支援施設では精神・神経科薬にとどまらず多種多様な薬物療法が日常的に行われている。今後，さらに高齢化が進み，医療が進歩することによって，使用薬剤数が今以上に増えていく可能性もある。使用薬剤数が増えればそれだけ薬物相互作用を含む副作用発現のリスクが高まるだけでなく，服薬手順の複雑化によって現場職員の負担が増し，さらには服薬事故の増加につながる危険性もある。特に多種多様な診療科をまたいで受診している場合，それぞれの診療科が現場の困難さを常に念頭に置き，できるだけ簡便に，と配慮して処方を決定してくれることはまれであろう。むしろ，一度処方された薬剤が漫然と継続的に投与されてしまう可能性もある。一つひとつの投薬や処置がそれほど煩雑なものでなくても，それがいくつにも重なり，日常的に続いていくことの負担の重さはなかなか医療現場だけでは実感しにくいことであろう。その意味でも，一人ひとりの薬物療法の全体像の把握とそれに基づいた単純化・簡略化は今まであまり意識されずに放置されてきた，新たな課題といえる。

4．医療機関の受診状況

〈要点〉
- 外来受診回数は1年間にのべ15,589回×人（1施設当たり1日5.3回×人）
- 1人当たりの使用薬剤数は外来受診回数と高い相関がある
- 3年間ののべ入院日数は1,712日×人（1施設当たり年間71.3日×人）
- 外来受診回数，入院日数ともに，医療的ケアを受けている場合に有意に増加する

- 入院日数のうち付き添いが必要であった日数は 550 日×人（32.1％）
- 付き添いは，家族のみ（51.5％），家族および職員以外の第三者（19.8％），家族および職員（16.7％），職員のみ（8.5％）と，家族が負担を求められることが多い
- 知的障害が重いほど付き添いを求められる頻度が高い

（高橋・他，2018）

　医療的ケアを受けている場合には外来受診回数，入院日数ともに有意に多くなっていた。今後，高齢化および医療の高度化に伴い，施設入所者の医療依存度はさらに上昇していくことが予想され，入所施設を巡る制度設計や人材育成について早急に見直すべき時期に来ているものと考えられる。

　入院についてはいまだに付き添いを求められることが決してまれでなく，そのような場合には家族の負担が大きいことが示された。特に知的障害が重いほど付き添いを求められる傾向があることは，現在の医療制度が重い障害のある人たちへ必ずしも十分な医療を提供できるとは限らない現状を示している。前述のように，今後の高齢化の進展に伴い，施設入所者のみならず医療を必要とする知的障害のある人たちの数は増加していくものと思われ，医療の現場でそのような人たちをどのように受け入れていくのか，本人・家族にとっても，医療にとっても，入所施設を含む福祉施設にとっても，負担が少なく効果的に医療を提供できる制度設計や体制整備が求められているといえる。

5. 職員アンケート調査

〈要点〉
- 調査対象は上記調査の対象となった 8 カ所の障害者支援施設に勤務する職員 278 名（支援職 248 名，管理職 16 名，看護職 9 名，その他・不明 5 名）
- 認定特定行為業務従事者制度について「知らない」または「聞いたことはあるが内容は知らない」が 201 人（72.3％）と多く，自施設が登録特定行為事業者かどうかについても「わからない」または「無回答」が 196 人（70.5％）と認知度が低い

- 医療的側面を持つケアには80％以上の職員が困難を感じると回答し，その理由は「正確に実施できているかどうか自信が持てない」が最多
- 経験年数が長い職員や管理職の方がむしろケアに対して困難を感じている
- 看護師も3分の2がケアに対して困難を感じていると回答
- 医療機関の外来受診付き添いは職員の80％以上が，過去3年間の救急搬送付き添いと入院への付き添いはいずれも職員の約30％が経験
- 大半の職員が利用者の医療機関の利用に困難を感じており，特に通常とは異なる業務に職員の手を取られることに困難を感じるという回答が多かった
- 健診・検診に困難を感じる点としては本人の拒否を挙げる回答が最多

（高橋・他，2017）

　障害者支援施設において医療的ニーズへの対応が施設運営にとって深刻な課題となっていることは，職員の視点から見ても明らかである。今回の調査からは，施設内における医療の必要性が増し，日常業務の中に当然のように医療的な処置が入り込んでいる中で，正確・安全に医療的ケアを担っていく体制が施設内に整備されてきているとは言い難い状況が浮かび上がってくる。また，障害のある人たちの日常を守るという障害者支援施設本来の役割が，利用者の医療機関の受診の増加によって脅かされているという，本末転倒ともいえる状況が明確に示されている。今後の制度設計，施設整備，職員配置，人材育成は，医療的ニーズの増加・高度化を前提に行われるべきであると考えられる。

II　考察および提言

　本調査の結果からは，入所者の高齢化および医療の高度化に伴い，障害者支援施設では医療の必要性が高まっていることが明らかである。特に問題なのは，本来生活の場としての機能が主であったはずの入所施設において日常的に医療を提供する必要性が高まっていること，医療機関の外来受診および

入院の頻度が高くそれに伴い複数の診療科にまたがる受診が増え，医療全体のコーディネートがないままで薬物療法が複雑化していることの2点であろう。さらに，これらの状況に，現場の施設整備，人的配置，人材育成が追い付いておらず，現場の負担感も高いことが，利用者側の調査からも，職員に対するアンケート調査からも裏付けられたといえる。

　これらの状況を踏まえたうえで，今後必要な施策としては次のようなものが考えられる。

1. 高齢化および医療の高度化に対応できる制度設計

　現在の障害福祉政策は，グループホームを含めた入所施設における医療的ニーズへの対応を考慮したものとは言い難い。今後の施策を考えるうえで以下の事柄に対して制度を整備し，医療的ニーズへの積極的な対応に対して報酬上のインセンティブを設けていく必要がある。

1）人員配置

　現在の人員配置の基準では，利用者の医療機関の受診が必要になると，入所施設の日常的な業務への影響が大きく，支援の質の低下を招きかねない。医療機関の受診を見据えた人員配置を可能にする制度設計と，医療的ニーズへの対応を評価する報酬体系が必要である。

2）職員構成

　今後さらなる高齢化によって入所者のADL低下が進むことが予測され，理学療法士，作業療法士，言語聴覚士の関与を保障する制度が必要である。

3）人材育成

　今後支援員が直接的に医療的ニーズに対応しなければならない状況はさらに増えていくことが予想され，そのための医療的ケアに関する研修制度の充実とそれに対する財政的な裏付けが必要である。現在の認定特定行為業務従事者制度は周知が不十分であるだけでなく，現状の人員配置では職員を研修に参加させること自体が困難な状況である。また，研修制度を効果的なもの

としていくためには医療機関の積極的な協力も必須である。人材育成制度を整備していくにあたっては、職員の研修参加によっても十分に日常的な支援を行いうるだけの人員配置および医療との連携体制の構築（日常的な連携体制と研修協力に対する医療側へのインセンティブの導入）とともに考えていく必要がある。

2. ゲートキーパー機能（総合診療医機能）による医療のトータルコントロール

　今回の調査で明らかになったことの一つは、複数の医療機関受診による薬物療法の複雑化である。確かに医療的ニーズの高まりによって身体的合併症も多岐にわたるようになり、薬物療法の複雑化はある程度避けられないのも事実であろう。その一方で、専門分化したそれぞれの医療機関を個別に利用するしかなければ、治療の全体像が見えにくくなり、生活の質に影響するほど複雑な薬物療法が整理されることなく漫然と続いてしまう可能性も否定できない。それは、単に個人の生活の質の問題というだけでなく現在大きな社会問題ともなっている医療費の増大にも影響を与える可能性がある。

　このような状況に対しては、ゲートキーパー機能を持つ総合診療医制度の導入が望ましいと考えられる。欧米では、症状ごとに専門性を持つ医療機関を個別に利用するのではなく、まず総合診療医が生活状況を含めた全体像を把握し、そこから必要に応じて専門性のある医療機関を紹介する形をとっていることが多い。また、専門的な医療機関を利用した場合であっても、症状が安定した後の治療の継続は総合診療医に再びゆだねられる。このような形をとることによって、生活の質と治療の複雑さのバランスを取ることが可能となり、また医療費の抑制にもつながる。我が国においても高齢化と医療の高度化が進む中で、入所施設においてこそこの総合診療医機能をいち早く取り入れていくべきと考えられる。その際に重要となるのは、総合診療医の育成過程に知的障害に関する項目を織り込んでいくことであろう。そしてその場合、知的障害の医学的側面のみならず、認知科学や行動科学など現在は心理学として扱われている分野の教育を医学にも取り入れていくことが必須であると思われる。

現実には総合診療医，特に知的障害に理解がありさらに総合診療にも精通した医師を養成するのにはかなりの時間がかかることが予想される。それまでの間は，ゲートキーパー機能として現在の嘱託医制度を活用することが現実的であろう。ただし，現在の嘱託医制度は十分に機能しているとはいいがたい。その最大の原因は嘱託医の関与が保険診療として認められていない点にある。このことによって嘱託医が積極的に医療を提供することが困難となっており，治療が必要となれば症状に応じた別々の医療機関の受診に頼らざるを得ない状況を生み出す原因となっている。このような状況を考慮すると，嘱託医の診療を診療報酬によって支え，総合診療医制度の導入に向けての一里塚として整備していくことが有用かつ現実的であると考えられる。

3. 専門分野としての知的障害看護の確立

　現在，入所施設における医療の中心的な担い手は看護師である。また，医療現場においても，知的障害のある人たちと直接的にかかわり，医療をスムーズに受けられるように環境整備をしていく主役も看護師である。しかしながら，施設に勤務する看護師が自らの役割を十分に認識できず結果として早期離職につながってしまうといった状況や，医療現場の看護師がその特性に対して十分な理解をしていないために知的障害のある人たちが十分な医療を受けられない場合は，現在においても決して珍しくない。その一つの原因は我が国において知的障害看護が専門分野として確立しておらず，看護師がこの分野について十分な教育を受けることのできていない点にあると考えられる。

　イギリスでは，看護の基本分野は，成人，小児，精神，知的障害の4つであり，知的障害看護は独立した専門性を持つ一分野として確立しているNHS（National Health Service：国民保健サービス（英国））。その背景には，医療を受ける権利は基本的人権の一つであり，知的障害のある人たちのこの権利を保障していくためには知的障害を専門とする看護師が必要であるという社会的コンセンサスがある。

　知的障害を持つ人たちの医療的ニーズが高まる中，我が国においても今後，知的障害看護が看護の一分野として位置付けられ，卒前・卒後の教育課程に取り入れられていくことが必要であると思われる。

III　結論

　入所者の高齢化および医療の高度化に伴い，障害者支援施設では医療の必要性が高まっている。その一方で，これらの状況に，現場の施設整備，人的配置，人材育成が追い付いておらず，現場の負担感も高い。このような点を考慮した障害者福祉施策の立案，医療制度改革および人材育成が喫緊の課題である。

〈謝辞〉
今回の調査に当たり，ご協力をいただきました施設入所者の皆様およびデータベースへの入力を担当していただいた以下の皆様に感謝申し上げます。

夏目智志（ねお・はろう）／佐直栄一，紀谷智彦（まるやま荘）／兒玉智樹（星が丘寮）／高田久嗣，鎌田俊介（侑ハウス）／佐直栄一，加藤正明，中尾雅子（明生園）／和島武宏，岩目一実，折目泰則，阿部由美子（新生園）／前田典之，山本隆司，吉野真智子（函館青年寮）／諏訪美樹，石村正徳（侑愛荘）　（敬称略，順不同）

参考文献

有馬正高編（1998）不平等な命―知的障害の人達の健康調査から．日本知的障害者福祉連盟．
志賀利一・木下大生・村岡美幸，他編（2012）50歳からの支援―認知症になった知的障害者．独立行政法人国立重度知的障害者総合施設のぞみの園．
高橋和俊・祐川暢生・中野伊知郎，他（2016）社会福祉法人侑愛会の入所施設における医療的ニーズに関する調査（第1報）．厚生労働科学研究費補助金障害対策研究事業「医療的管理下における介護及び日常的な世話が必要な行動障害を有する者の実態に関する研究」平成27年度総括・分担研究報告書，pp.15-24.
高橋和俊・祐川暢生・中野伊知郎，他（2017a）社会福祉法人侑愛会の入所施設における医療的ニーズに関する調査（第2報）―職員アンケート調査から．厚生労働科学研究費補助金障害対策研究事業「医療的管理下における介護及び日常的な世話が必要な行動障害を有する者の実態に関する研究」平成28年度総括・分担研究報告書，pp.9-19.
高橋和俊・祐川暢生・中野伊知郎，他（2017b）社会福祉法人侑愛会の入所施設における医療的ニーズに関する調査（第3報）―薬物療法の分析．厚生労働科学

研究費補助金障害対策研究事業「医療的管理下における介護及び日常的な世話が必要な行動障害を有する者の実態に関する研究」平成 28 年度総括・分担研究報告書, pp.20-25.

高橋和俊・祐川暢生・中野伊知郎, 他（2018）社会福祉法人侑愛会の入所施設における医療的ニーズに関する調査（第 4 報）―医療機関の利用状況. 厚生労働科学研究費補助金障害対策研究事業「医療的管理下における介護及び日常的な世話が必要な行動障害を有する者の実態に関する研究」平成 29 年度総括・分担研究報告書, pp.12-19.

"Nursing" in "NH.Healt.Careers"［https://www.healthcareers.nhs.uk/EXPLORE-ROLES/nursing］

第 4 章
医師の立場から 2

田中恭子

I 背景

　強度行動障害や重度の知的障害をもつ成人は，身体症状の訴えの困難さや行動障害に由来する通常とは異なる健康上の問題をもつなど，健康管理が困難な場合が多い。身体症状の治療を担う医療側も，障害の重い者の診療や福祉施設職員への対応に不慣れで苦慮することがある。強度行動障害や重度の知的障害をもつ者が多く生活する成人施設では，医療と福祉の連携に課題があることが報告されてきた。

　本章では，成人の障害者施設において，特に入院に至るような重大な健康問題の発生や関連する要因に焦点をあて，医療機関と福祉施設との連携における課題を明らかにする。

II 調査方法

　障がい者支援施設「三気の里」に協力を依頼し，医療機関の利用状況や入院の実態について調査を行った。施設入所（以下入所），生活介護（自宅で生活し生活介護を利用，以下通所），共同生活援助（グループホーム：Group Home，以下 GH）を利用している者のうち，保護者からの文書による同意が得られた 97 名を対象とした。調査票は利用者の担当職員が平成 30 年 1 月に

記入した。調査票では平成29年1年間の通院・服薬状況，施設利用開始後の入院の有無やその理由，医療機関受診時の問題点を尋ねた。統計処理はSPS.ver24を用い，χ二乗検定，t検定，ロジスティック回帰分析を行った。

倫理面への配慮として，本調査は無記名のアンケート調査として行い，施設の倫理委員会の承認を得て実施された。

III 調査結果

1．対象者の属性

対象者の平均年齢43.1 ± 10.1歳（±以下は標準偏差）であり，通所利用者は平均年齢29.3 ± 7.4歳と他群に比べ若い傾向であった。性別では男性75名，女性22名で，男性が77.3％と多い。全員が知的障害を有し，知的障害の程度は最重度62名（63.9％），重度24名（24.7％），中等度8名（8.2％），軽度3名（3.1％）である。合併症は自閉スペクトラム症（Autistic. Spectrum. Disorder，以下ASD）85名（87.6％），てんかん38名（39.2％）が多かった。強度行動障害をもつとみなされる強度行動障害スコアが10点以上の者は92名（94.8％）であった。日常生活動作の機能的評価を表し，高いほど自立度が高いBarthel Index（機能的評価）の平均は66.6 ± 15.5であった。入所，通所，GHのそれぞれの内訳については表4-1に示す。

2．定期健康診断

調査を行った施設では定期健康診断を対象者全員に対して年に一度行っている。直近の健康診断の結果について尋ねた。

身長，体重，BMI（Body Mass Index：ボディマス指数（肥満度評価））を表4-2に示す。同年代の日本人平均と比べると身長，体重，BMIのほとんどが平均を下回っていた。女性のBMIだけが平均を超えており，女性は肥満になりやすい傾向があった。BMIが18.5未満（低体重）10名（10.3％），25.0以上（肥満）を示した者は10名（10.3％）であった。

採血，検尿や胸部レントゲンなどの検査によって何らかの指摘を受けたのは60名（61.9％）であった。内容としては脂質異常21名（21.6％），貧血

表 4-1　対象者の属性

	全体 n=97	入所 n=66	通所 n=16	GH n=15
平均年齢（歳）	43.1 ± 10.1	46.4 ± 8.2	29.3 ± 7.4	42.9 ± 6.7
生別　男性	75	52	12	11
女性	22	14	4	4
知的障害の程度				
軽度	3	1	0	2
中等度	8	4	0	4
重度	25	15	8	2
最重度	61	46	8	7
併存症				
自閉症スペクトラム	85（87.6）	59（89.4）	16（100）	10（66.7）
てんかん	38（39.2）	28（42.4）	6（37.5）	4（26.7）
強度行動障害スコア				
10点以上の人数	92（94.8）	64（97.0）	15（93.8）	13（86.7）
平均スコア	30.0 ± 11.9	30.5 ± 11.6	28.9 ± 10.4	28.1 ± 14.0
Barthel Index				
平均	66.6 ± 15.5	64.2 ± 13.8	67.8 ± 15.4	75.3 ± 19.4

表 4-2　対象者の身体測定結果

		全体 n=97	入所 n=66	通所 n=16	GH n=15
身長	男性	168.0 ± 7.6	168.0 ± 8.0	170.1 ± 5.4	165.6 ± 7.8
	女性	149.8 ± 10.1	147.4 ± 10.2	158.1 ± 3.4	150.2 ± 11.5
体重	男性	61.6 ± 11.1	61.0 ± 10.3	66.8 ± 14.3	58.6 ± 9.9
	女性	51.3 ± 7.7	51.3 ± 7.5	54.2 ± 6.8	48.5 ± 10.3
BMI	男性	21.8 ± 3.1	21.6 ± 2.7	23.0 ± 4.7	21.2 ± 2.4
	女性	22.8 ± 2.2	23.6 ± 2.1	21.7 ± 2.6	21.3 ± 1.3

（参考）
40代日本人男性平均身長　170.8cm　　40代日本人女性平均身長　158.0cm
40代日本人男性平均体重　70.6kg　　　40代日本人女性平均体重　55.5kg
40歳日本人男性平均BMI　24.2　　　　40歳日本人女性平均BMI　22.3

13名（13.4％），肝機能異常10名（10.3％）などがみられ，要経過観察となることが多かった。乳がんの精密検査になった者や肝血管腫などの良性腫瘍が指摘された場合もあったが，健診の結果で手術や入院につながった例はな

かった。

3. 医療機関利用状況

　ほぼ全員 96 名（99.0％）が平成 29 年中に少なくとも一度は何らかの理由で医療機関に通院していた。通院先は歯科が最多 86 名（88.7％）で、次いで精神科 78 名（80.4％）、内科 72 名（74.2％）、皮膚科 67 名（69.1％）であった。身体合併症（平成 30 年 1 月時点で医療機関で治療を受けている疾患）としては、皮膚疾患が最多 47 名（48.5％）で、ついで便秘症 23 名（23.7％）、歯科疾患 22 名（22.7％）、耳鼻科疾患 29 名（29.9％）であった。高血圧、糖尿病などの生活習慣病の頻度は少なかった。

　薬剤使用状況としては 89 名（91.8％）が定期薬の内服をしており、43 名（44.3％）が外用薬を使用していた。内服薬数の平均は 4.4（中央値 4、最高値 12）、内服回数は平均 2.6 回であった。1 日 4 回（毎食後、就寝前）の内服をしている者が 24 名（24.7％）いた。

　向精神薬の内服をしている者が 75 名（77.3％）おり、向精神薬数の平均は 2.9（中央値 1、最高値 6）、抗精神病薬数の平均は 1.1（中央値 3、最高値 12）、抗精神病薬の平均クロルプロマジン（以下 CP：Chlorpromazine）換算値は 215.3 ± 280.2（中央値 100、最高値 1200）であった。

4. 入院の有無と関連する要因

　施設利用開始後、一度でも入院をしたことがある人は 35 名（36.1％）で、2 回以上入院をしたことがある者が 14 名（14.4％）おり、23 回の入院歴がある者もいた。

　初回入院時の平均年齢は 38.3 ± 10.9 歳、サービス利用開始後平均 15.2 ± 8.1 年であった。

　初回入院時の診療科は内科が多く（40％）、ついで整形外科、外科、歯科と続いた。肺炎の治療の場合でも行動上の問題や身体拘束が必要などの理由で内科入院が難しく、精神科病院に入院となることもあった（図 4-1）。

　入院理由別では腸・肛門疾患が多く、たとえばイレウス、痔核、大腸ポリープ、虫垂炎などさまざまな疾患がみられた。ついで感染性・嚥下性の肺炎、

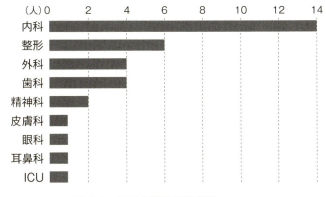

図4-1 初回入院時の診療科

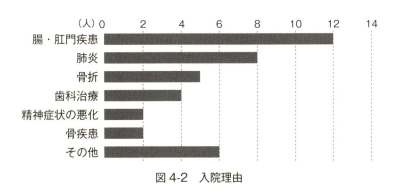

図4-2 入院理由

骨折，歯科治療が多かった（図4-2）。

初回入院35例中，21例（60％）は緊急入院であると考えられた。

入院したことがある人（35名）としたことがない人（62名）において，影響を与える要因について調査した。表4-3に示すように，入院をすることに有意に影響を与える要因としては「年齢が高い」「サービスの種類」「知的障害が軽いこと」「ASDがないこと」「何らかの通院中の身体疾患があること」「健診時の指摘があること」「強度行動障害スコアが低いこと」であることが分かった。性別，てんかんの合併の有無，向精神薬の内服，CP換算抗精神病薬量，Barthel Indexスコアは有意差を認めなかった。

表 4-3　入院の有無と関連する要因

		入院あり n=35	入院なし n=62	p
平均年齢（歳）		48.0 ± 9.2	40.3 ± 9.6	< 0.01**
性別	男性	26	49	
	女性	9	13	0.62
サービスの種類	入所	30	36	
	通所	0	16	< 0.01**
	GH	5	10	
知的障害の程度	軽度	3	0	
	中等度	5	3	
	重度	8	17	
	最重度	19	42	< 0.04*
通院中の身体疾患	あり	15	13	
	なし	20	49	< 0.04*
併存症　ASD	あり	25	60	
	なし	10	2	< 0.01**
てんかん	あり	15	23	
	なし	20	39	0.67
向精神薬内服	あり	25	49	
	なし	10	13	0.46
抗精神病薬 CP 換算量		172	239	0.27
健診時の指摘	あり	27	33	
	なし	8	29	0.02**
強度行動障害スコア	30 点以上	15	43	
	29 点以下	20	19	0.013**
Barthel Index	平均	62.9	68.7	0.08

* < 0.05　** < 0.01

表 4-4　入院することと有意に関連する要因

	OR	95% Cl	p
年齢	1.083	1.017-1.152	0.012*
自閉症の合併がないこと	6.934	1.290-37.275	0.024*

* < 0.05

　有意に影響を与える要因のうち，入院の有無に影響を与える要因同士の交絡の影響を除外するため，ロジスティック回帰解析の変数増加法ステップワイズ（尤度比）を行った。「サービスの種類」については，入所，通所，GHの3群で利用者の年齢やサービス利用年数が明らかに異なるため解析から除き，基本属性である「性別」を要因に加えて解析を行った。その結果，「年齢が高いこと」と「ASD がないこと」のみが有意な要因として抽出され，「知

表 4-5　医療機関受診時の困難

検査や治療への協力	医療器具を触る，検査や診察に抵抗する，場合によっては危険，治療後の安静が保てない
不慣れな環境への適応困難	不安がりパニックになる，興奮・多動
待機時間の問題	持てない，じっとしていられない
周囲への迷惑	人を叩いたり大声をあげたりする，突進して人にぶつかる
入院環境への適応困難	病院食を食べない，眠れない
病院設備の問題	売店で物をとる，雑誌やパンフレットを集める，非常ベルを押す
付き添い者	特定のスタッフでないと対応が困難，複数名必要
音や人込みなど感覚の問題	騒がしさや泣き声が苦手で他害行為
行動上の問題	トイレでのろう便，異食あり目が離せない　など

表 4-6　健康管理で気を付けていること

症状の早期発見
・症状の訴えができないため，バイタルサインの変化に気を付ける
・便の状態や排便有無の確認（イレウスの既往，便秘薬の使用判断のためなど）
重症化の予防
・軽症のうちに，早めに病院に行く
病気にならないための工夫
・食事内容を，刻み食，減塩食などの特食にしてもらっている
・食事をかきこんで危険なため，声かけを行う
・てんかん発作を起こしやすい状態（睡眠不足，気温変化）を避ける
・運動を促す
脆弱性への配慮
・気候の変化に弱いため，衣類や寝具調整に気を付ける
・皮膚が弱いため，クリームの塗布
・虫歯になりやすいので，歯科に定期通院
利用者の健康問題への対処
・B 型肝炎キャリアであるため血液の扱いに気を付ける
・インフルエンザなどの感染者が出た場合の早期対応（部屋を隔離）

的障害が軽いこと」「何らかの通院中の内科疾患があること」「強度行動障害スコアが低いこと」「健診時の指摘があること」は除外された（表4-4）。

5．健康管理や医療機関受診にあたっての困難

　福祉施設職員に対して自由記述で回答を得た。医療機関受診，入院時の困

難の原因として，本人，施設，医療機関のそれぞれの要因が挙げられた（表4-5）。医療機関受診が困難なので，なるべく病気にならないよう，未然に防いだり重症化を防いだりすることに気が配られていた（表4-6）。

IV 考察

1. 施設における医療的ケアのニーズ

　強度行動障害や重い知的障害を有する者は，行動上の問題や日常生活活動に対して医療的にも福祉的にも専門的な対応を必要とすることが多い。医療面では強度行動障害スコアが高いほど，向精神薬の使用量も多くなることが指摘されており（田中・他，2006），対応困難な行動上の問題に対して薬物療法などの医療的ニーズも高くなる傾向がある。本調査でも，施設入所者のほぼ全員が少なくとも年に一度の通院をし，9割以上の者が定期薬の内服治療，4割以上の者が外用薬の定期使用をしていることが明らかにされた。

　定期健康診断では何らかの異常を61.9％の方が指摘されていた。同世代の一般人口の定期健康診断での有所見率は65.1％（平均年齢40.3歳，2011年『労働衛生協会事業年報』より）であり，施設利用者の有所見率は若干低かった。異常所見の内訳としては脂質異常や肝機能異常の割合は一般人口の結果に比べると少し低く，貧血の割合は少し高かった。BMI異常を示した人は20.6％で，一般人口22.5％に比べるとやや少なかった。施設入所中の女性はやや肥満になりやすい傾向がみられた。しかしBMIが標準域である者が多い割には脂質異常や肝機能異常の有所見率は高いとも言え，肝機能障害や血球数異常は長期の服薬による影響を受けているかもしれない。

　定期的な治療を受けている身体合併症としては皮膚疾患が最多で，通院頻度も多かった。行動障害や知的障害が重い者にとって，衛生管理の難しさや自傷や常同行為による皮膚症状の多さは臨床的にも感じられるところであり，医療的ケアのニーズの高い領域であった。高血圧，糖尿病，高脂血症などの生活習慣病は，それぞれ6名（6.2％），4名（4.1％），3名（3.1％）であり，40代の一般人口平均と比べるとかなり少なく，健康診断の検査結果とも一致していた。食事や日常生活活動がコントロールされている条件下では，同

年齢者とは健康問題のプロフィールが異なることを医療者は認識しておく必要がある。

2．入院に至るような健康上の問題について

　本調査を行った施設は調査時に開設30年を迎えたところで，一番長期に入所している方で30年の経過がある。その中で入院経験がある者は36.1％で，過半数の者は入院をしたことがなかった。しかし中には23回入院した方もいるなど，入院を繰り返すような身体面の脆弱性をもつ方も一部いた。年齢の若い，通所・GH利用者は入院経験がない者が多いが，入所者に限ってみれば30/66名（45.5％）が入院経験があった。

　入院理由は腸・肛門疾患，肺炎などによる内科への入院が多かった。ASDでは炎症や免疫の観点から腸疾患との関連を示唆する報告は多い（Li, et al., 2017）。他にも腸疾患の頻度の多さは偏食，異食などの特有の食行動の問題，排泄に関する行動の問題，向精神薬の内服による副作用などの影響を受けていると考えられる。

　入院の緊急性については，歯科治療のように計画的に障害者歯科のある医療機関に入院できる場合もあるが，内科，整形外科，外科などの診療科に緊急で入院になることも多かった。やむを得ず緊急入院になる場合には，通常のかかりつけではない医師，医療機関に受診しなければならなくなり，患者の状態を緊急な状態の中で病状を説明したり障害の理解を得ることの苦労が施設側にも，医療側にも生じる。いつでも状態の急変が起こることを想定して，施設側は利用者の普段の状態や受けている治療の内容などを普段からとりまとめておくことが望ましいと思われる。適切な情報提供は，受け入れ側の医師，医療機関との連携を助ける。

　入院の有無と関連する要因を，入院をしたことがある者35名，したことがない者62名で比較，検討した。入院することと関連がある要因として「年齢が高い，サービスの種類，知的障害が軽い，通院中の身体疾患がある，ASDの合併がない，健診時の指摘がある，強度行動障害スコアが低い」があげられた。知的障害が軽く，強度行動障害スコアが低いと入院する機会が多い理由は，彼らが健康上の問題をもちやすいという意味合いでは必ずしも

なく，入院環境に適応しやすい（入院を受け入れてもらいやすい）ことや，入院となる健康上の問題を発見しやすい（腹痛など症状を訴えることが可能な方がいる）ことなどが影響しているのではないかと考えられる。健診時の指摘があると入院経験が多くなりやすかったが，肝機能異常などの検査値の異常そのものが入院理由になることは通常ないものの，将来的には身体症状の悪化につながる何らかの前駆症状として警戒すべきなのかもしれない。

　さらに，入院することと関連がある要因の中で，交絡要因を排除するためにロジスティック回帰解析を行った結果では，「年齢が高いこと」「ASDの合併がないこと」が有意に影響するという結果であった。

　年齢が高くなるにつれて入院機会が多くなることは，一般人口と同様であると考えられる。一般に50歳を超えると入院機会は右肩上がりに増えていくことから，現在の施設入所者の平均年齢が40代であることを考えると，今後入院を経験する者が増えていくことが予想される。

　ASDについてはASDを合併する知的障害者は，合併しない知的障害者に比べ，入院する機会が有意に少ないという結果が得られた。この結果で彼らが"健康である"と結論付けることはできない。実際，ASDの人たちの寿命は一般人口平均よりも短く（53.8 vs. 70.2歳），死亡する確率も2.56倍高い（Hirvikoski, et al., 2016）。中には防ぎうる病気やケガ，死亡例もあったのではないかと推測されている。ASDをもつ人たちの入院が有意に少なくなるのは，身体症状への気づかれにくさや入院治療のハードルの高さを示唆していると考えるべきであろう。スタッフの記述内容にもあるように，ASD特性であるこだわりや慣れない環境への不安の高さ，感覚過敏などから，障害者要因（医療行為や医療環境に適応することの難しさ），付き添い者要因（特定の付き添い者が必要，家族が付き添えない），受け入れ医療機関要因（入院可能な医療機関の見つけづらさ）などが影響していると考えられた。

　なお，入院に至った後の転機として死亡した例もあるが，それらの症例は本調査には含まれていない。今後はそういった重症例の発生の契機や医学的問題についても明らかにしていくことが必要と思われる。

3. 福祉から医療への要望

　調査では，診療を担当する医師や医療機関を確保することの難しさが第一に挙げられた。重度の知的障害や強度行動障害をもつ患者については，診察可能な医師がいないという理由で診察前に受診を断られることがある。また内科や外科的疾患が入院理由であっても精神科のある総合病院でなければ行動面の問題に対応できないこともあり，地域によっては入院治療が可能な病院が限られてしまう。

　医療者の知的障害や強度行動障害に対する理解の不足や偏見などが感じられるという意見もあった。障害者にコミュニケーションの困難があるために本人との意思疎通を図ろうとしなかったり，子ども扱いをして障害者の自尊心への配慮に欠けたりすることがあるという。したがって施設職員としては多少遠方で不便でも，障害に理解のある医療機関や医師にかかりたいという考えをもつ者もいる。

　また障害者特有の問題への医療者の認識不足もあげられた。障害者は痛みに鈍感であったり，けがや病気をしていてもいつもどおりのこだわりの行動をし続けたりすることがあり，通常の医療的常識では考えられないことが生じる場合がある。たとえば，ある障害者の足が腫れていたので施設職員が骨折を疑って病院に連れて行ったが，飛び跳ねたりする様子をみて「骨折はない」と医師から断言された。しかし後に別の医療機関で検査をしてみて骨折が見つかった，などということは時々ある。知的障害や強度行動障害がある患者では，通常とは異なる行動により思いがけない症状や経過をとったりすることがあるということを，医療者は認識しておかなければならないが，そういった経験や知識をもつ医師はそう多くはないかもしれない。薬物療法などの治療を担当している精神科医はもちろんのこと，身体疾患の治療を担う診療科の医師に対しても知的障害や強度行動障害について教育や研修の必要があると考えられる。

4. 医療から福祉への要望

　調査を行って筆者が感じたことは，医療者と福祉施設職員とのコミュニケーションの難しさである。たとえば，医療者としては日常的に使用してい

る用語（合併症，診療科など）が正しく理解されていないことがあった。障害者の状態について，正しく医療者に伝えることができなければ，医療者も正しい判断ができず治療を誤る可能性もある。

　医療職ではない施設職員の場合は，障害者の医療的ニーズは高い一方で，医学的知識が不足している場合がある。薬物療法を受けている障害者が多いが，薬の効果やリスクについてよく知らないなどである。福祉的な面では施設職員として献身的に障害者へ対応している実情がよく理解できるが，今後は医療的な面でも必要な医学的知識やスキルを身に着けることで，さらに障害者の健康を身近で守る存在として役割を担っていくことが期待される。

　医療者は知りたい情報や言葉の定義を明確にして施設職員へ伝える，施設職員も医療側に普段の障害者の様子や現在の症状などを正確に伝えるなど，ミスコミュニケーションを防ぐ努力が双方に必要である。

まとめ

　障がい者支援施設に生活する重い知的障害や行動障害をもつ人たちは，普段から多くの者が通院をし，薬物治療を受けているなど医療的ケアのニーズは高かった。

　定期健診では有所見率は一般人口とほぼ同等で，生活習慣病の指摘は少なかった。食事や生活環境などが管理されていることを考慮すると肝機能障害などの発生は長期薬物療法の影響も考えられた。健診時の何らかの異常の指摘は入院に直結するわけではないが，入院を要する状態を予測する因子として注意すべきかもしれない。

　過半数の利用者は入院を経験したことがないが，一方入院を頻回に繰り返す者もいた。年齢が高くなるほど，入院の可能性は高くなり，ASDの合併のある知的障害者は入院の可能性が低くなることが示された。ASDをもっていたり知的障害が重度になると，身体症状の把握が難しくなり，障害者本人の医療行為や医療機関への適応の困難さ，対応する家族やスタッフの確保，受け入れる病院を見つける難しさなどが容易に入院できない理由となっているのではないかと考えられた。今後，高齢化に伴い，さらなる身体合併症の

出現と入院治療の機会が増えることが予想される。重い知的障害や行動障害をもつ者に対しても，入院治療を含めた適切な医療を速やかに提供ができる体制を整備していくことが急務であると考えられる。

参考文献

Hirvikoski, T. et al.（2016）Premature Mortality in Autism Spectrum Disorder. BJ Psych 208 ; 232-238.

Li, Q., et al.（2017）The Gut Microbiota and Autism Spectrum Disorders. Front Cell Neurosci, 11 ; 120.

田中恭子・會田千重・平野誠（2006）強度行動障害の医学的背景と薬物治療に関する検討．脳と発達, 38 ; 19-24.

第5章
医師の立場から 3

横田圭司

I ながやまメンタルクリニックについて

　ながやまメンタルクリニックは,医師,臨床心理士が,知的障害者入所施設,各種就労支援施設,通級指導教室,特別支援学校,児童養護施設,特例子会社,大手企業（開発部門に発達障害の特徴のある社員が多数いるため）などで嘱託として関わっている。さらに,ジョブコーチが企業や作業所へ出向き,情報収集し相談を行う体制になっている。このため,知的障害や発達障害の学齢期や思春期,成人期における精神症状や不適応について,ある程度原因を特定し,時には介入することが可能となっている。
　ここでは,これらの臨床経験をもとに知的障害,発達障害の主に成人期によくみられる不適応について述べるとともに医療と福祉の連携について考察した。

II 福祉施設における医療の役割

　成人期の知的障害,発達障害において医療に求められる役割としては,行動障害などの不適応の予防や治療,てんかんの治療,身体的合併症やターミナル医療などが挙げられよう。その中で,精神科には,行動障害への対処が求められることが多い。

表5-1 虐待児・者の精神症状とその対処（横田，2014より引用）

PTSD：外傷後ストレス障害，DV：ドメスティックバイオレンス
ADHD：注意欠陥多動性障害，SSRI：選択的セロトニン再取り込み阻害薬

ASD様の症状 ADHD様の症状	環境の改善によって速やかに症状が改善することも。情緒不安定への対応が優先。不注意，多動性，衝動性にはメチルフェニデートやアトモキセチンが有効なことも。安易な診断は，周囲を混乱させる。
1日の中で変動するハイテンション・脱抑制	少量の抗精神病薬やメチルフェニデートが有効なことがある。
解離	少量の抗精神病薬が有効なことがある。
遷延する不安感，緊張感	少量のSSRIや抗不安薬が一定の効果がある。
意欲のなさ，なげやり	共依存などで改善することもあるが，過剰適応となるケースも。
フラッシュバックなどのPTSD症状	少量のSSRIや抗不安薬が一定の効果がある。
過剰適応から緊張感が高まり回避する行動パターン	過剰適応させない枠の設定が重要。時に双極性障害と誤診される。
性的逸脱行動・異性との共依存	叱責や罰は無効，厳重な監視を。共依存で安定も。性犯罪やDVに注意。
その場しのぎの虚言・衝動行為・思考の浅さ	頭ごなしに叱らない。厳重な枠組みが治療的。
盗癖	強迫的である可能性を考慮に入れる。
ひねくれ，人間不信，被害的・他罰的	怒らない。信頼すると素直になることもある。
依存傾向と理想化	依存される側は，振り回されすぎないように。
一過性の被害関係念慮・妄想，幻覚	環境調整と少量の抗精神病薬が有効。統合失調症との鑑別に注意。
知的能力（IQ）と適応能力とのギャップ	教育や就労などの適切な枠組みの設定が重要。

　自閉症の対応については，構造化などの対応が福祉現場でも取り入れられ，一定の成果をあげている。ここでは，福祉施設の現場で対応に苦慮する事が多い，愛着の問題を抱えたケースとダウン症の対応について述べる。

1．知的障害，発達障害と愛着の問題

　虐待を受けたケースは，学齢期・思春期以降に多彩な精神症状や行動特性

を示す（表5-1）。知的障害や発達障害があると高率に虐待がみられるため、必然的に、これら精神的な問題が高率に存在すると考えられる。さらに、虐待とまではいかないが、「両親ともに知的障害や境界知能でネグレクトに近い」など、愛着に問題を抱えるケースはさらに多いと推定される。これらのケースでは、虐待ケースに準じた精神症状・行動特性を示し、成人期にもさまざまな不適応をきたし得る。実際の症例を通して考えてみよう。なお症例はすべて類似の数症例を参考にした架空のものである。

【症例】男性　軽度知的障害

　生後すぐに両親が離婚、その後お母さんは再婚し弟が生まれた。さらに知的障害も明らかになってからは一家の厄介者となり、食事も十分には与えられず、ネグレクトが続き、学齢期に児童相談所に措置され知的障害の施設に入所した。

　入所直後から、多動が目立った。また、職員や他児の親、実習生などに見境いなく寄っていき、抱っこをせがむことが見られた。徐々に、特定の職員への愛着が育ち、接し方に差が出てくるようになった。そうなると、その職員が他児に接しているとかんしゃくを起こして暴れるようになった。

　小・中学校は特別支援学級へ通った。ここでは、やさしい女性の先生にまとわりつくようになった。普段はおどおどして気が弱いものの、些細なことで興奮し、殴る、蹴るなどの乱暴を働くようになった。後から聞くとそのことは、覚えていなかった。

　特別支援学校高等部入学後、普段は気が弱く、同級生にも気を使うことが多かったが、一度キレると暴れ、その時には大人の男性数人でないと抑えられないこともあった。やはり、そのことも覚えていなかった。また、次から次へと同級生や上級生に「告白をし」付き合い、複数の生徒と性交渉を結ぶようになった。

　高等部を卒業後、グループホームに入所し障害者枠で企業就労した。当初頑張っていたが、ある時、やさしい寮母さんが、悲惨な生い立ちに涙を流しながら数時間にわたって話を聞いた。彼も涙を流しながら、不安でたまらないことを延々と訴えた。その後、寮母さんに付きまとうようになり、寮母さ

んが長時間話を聞かないと，気を引くようにわざと暴れるようになった．仕事も疎かになり，体調不良を訴えて休みがちになった．結局，半年経たずに退職となった．その後，登録した作業所もほとんど行かず，ネットで知り合った女性とトラブルを立て続けに起こしている．

愛着に問題があり，行動障害をきたすケースでも，対応によって見違えるように落ち着くことも珍しくない．

【症例】女子　中度知的障害

乳児期に両親が離婚，母子家庭に育った．お母さんは仕事で帰りが遅くなることが多いうえに自閉症スペクトラム障害の特徴があり，上手く子どもに接することができなかった．幼児期に発達の遅れに気づかれ，小学校は特別支援学級，中学・高等部は特別支援学校へ通った．不安が強く衝動的で，学齢期からしばしば他児への嫌がらせを繰り返していた．

特別支援学校高等部を卒業後，グループホームへ入所し，作業所へ通所を開始した．グループホームや作業所でも他利用者への衝動的な暴力や嫌がらせを繰り返し，職員へも反抗しがちであった．

職員に来院を依頼し，反抗的に見える態度や嫌がらせなどについて，不安が強く衝動性が高まっている点，人間不信で周囲の人を信用できていないこと，怒られるとさらに不安が強まり行動コントロールができないこと，などを説明した．その上で，少量の抗精神病薬と選択的セロトニン再取り込み阻害薬を処方した．この後，グループホームや作業所であまり怒らず受容的な対応をした．当初は「お試し行動」も見られたが，半年もすると暴力や嫌がらせは収まり，グループホームでも積極的にお手伝いをして褒められることをとても喜んでいる．ただし，職員が他利用者に構うと，すねることは続いている．

●愛着の問題を抱えたケースの困難さと対応

愛着に問題を抱えるケースは，自然な対人的な距離感がとれず，解離や人への依存，投げやりで頑張りが利かない，遷延する不安感，空虚感，人間に

対する信頼感の欠如などがみられる。このため，社会適応能力が見かけより低いことが多い。「やればできる」潜在的な能力の高さを基準にして就労の枠組みなどを作ってしまうと長続きせずになげ出してしまうことがある。枠の設定に十分な注意を払い，さらに強力なサポート体制を作る必要がある。

　また，愛着に問題を抱えるケースは，不安が強く何かに依存する傾向があることが多い。このようなケースに，無計画に過度に受容的に話をききすぎてしまうと，依存傾向が強まり問題行動が増長してしまうことがあり注意が必要である。一方で，学齢期から成人期に信頼できる大人と巡り合うことは，理想化や共依存の要素があるにせよ，情緒の安定や将来の適応に非常に重要なことと言える。その際には，適切な距離感を保ち，「共感はしても同情しない」ことが重要である。

　また，しばしば不安が強く行動コントロールがなかなかできないため，問題行動のみを標的にした安易な行動療法はしばしば無効となる。強い不安から衝動的に問題行動をきたした際に強く叱責するとさらに不安が強くなりさらに問題行動が頻発することもしばしばみられるパターンである。問題行動の程度にもよるが，規律ある受容の中で，少しずつ信頼関係を構築することが重要となる。

　このように愛着に問題を抱えると，学齢期から成人期にわたってさまざまな精神症状をきたし社会適応に直結しうる。そのメカニズムを理解し，各種福祉施設などとその理解を共有し，対策を立てていくことは医療機関の役割と言えよう。

2．ダウン症の諸問題

　多くの福祉施設で，ダウン症の対応に苦慮している。切り替えの悪さや強いマイペースに加えて，さまざまな精神科的な問題が起こるからである。その中で，比較的よく遭遇する問題の一つに「急激退行」がある。まずは症例を見てみよう。

【症例】女性　中度知的障害　ダウン症　急激退行
　幼児期から，お母さんをはじめ周囲の大人から褒められると大喜びし頑張

ることが続いた。学齢期には，公文，ダンスなどのお稽古事を週4～5日やっていた。小学校4年に特別支援学級へ移ってからも，お母さんの期待に応えて計算ドリルや漢字ドリルを頑張っていた。特別支援学校高等部時代は友人も多く，和太鼓部にはいり楽しく過ごした。

特別支援学校高等部卒業後，作業所に通い始めた。比較的工賃の高い作業所で，利用者はほとんど軽度知的障害の方であった。元来マイペースで，作業のスピードも一番遅い方であった。

通所後，1年経った頃から少しずつ動作が遅くなり，表情が乏しくなってきた。通常なら歩いて20分程の作業所からの帰り道も，1時間以上かかるようになった。帰宅後も緊張が目立ち，動作が遅く切り替えが悪くなり，入浴に2時間，トイレに1時間など生活すべてに時間がかかるようになった。「速くしなさい」などの独語も目立つようになった。独語以外はほとんど話さなくなり，たまにとても小さい字での筆談で意思表示するようになった。作業所も行けなくなり，家にこもって一日中ベッドで横になるようになった。幼児期以来見られなかった尿失禁も出てきたため精神科クリニックを受診した。

初診時，緊張が強くまったく話はできなかった。ダウン症の「急激退行」に効果があるとされるスルピリドを服用，多少表情が明るくなり布団から出ることも多くなってきたが，大きな変化はみられなかった。外出時にも切り替えができず，玄関で1時間位繰り返し行動をするようになり，家族が疲弊しきった。このため，主治医の勧めもあり，入所施設に1カ月間のショートステイをした。

当初は同様の状態が続いていたが，少しずつ元気になり，動作の切り替えもやや改善した。退所後は，中・重度知的障害の方が多くいるゆったりとしたペースの作業所へ移った。週2日位の通所から少しずつ増やしたところ，精神的に安定してきた。ただ，通所しない日は特に独語が目立ち，空想の世界に浸ることが多い。意欲のなさも残っている。

このケースでは，表情の乏しさ，意欲の低下，こだわりの増悪，動作が極端に遅くなる，独語が目立つ，などダウン症の「急激退行」に特徴的な症状がみられた。原因としては，軽度遅滞の方中心の集団の中で，頑張りすぎて

しまったこと，仕事上急がされることが多くマイペースが保てずにストレスがかかってしまったことが考えられる。

ダウン症のケースで，マイペースへの対応は重要である。

【症例】女性　重度知的障害　ダウン症
　しっかりとした家庭に育った。有意味語はなし。小学部から高等部まで特別支援学校へ通った。卒業後，生活介護の事業所へ通っていた。マイペースで切り替えが悪く，要求が通らない時に軽い自傷行為が見られることがあったが，ゆっくりペースの生活で，大きな不適応は見られなかった。
　22歳の時に，入所施設で生活するようになった。ゆっくりペースのため，食事や入浴の時間が決められた生活の中で急がされることが多かった。また，他の利用者から手を出されることもあった。徐々に，頭や頬を叩き続ける自傷行為がみられるようになった。嘔吐も続き内科を受診したが，原因不明と言われ放置されていた。施設では，「わがまま，こだわり，不潔，マイペース」と評されていた。
　数カ月後，やさしい主任さんが担当になった。嘱託医と相談の上，本人のマイペースをできる限り尊重し，あまり急がせないようにした。また，部屋割りに配慮して，ちょっかいを出されにくくした。この後，少しずつ自傷行為が減った。数カ月後には笑顔も見られ，元来の愛想のよさも出てきた。嘔吐もいつのまにかなくなり，こだわりや切り替えの悪さもかなり軽減した。

　施設での入所生活でも，対応の仕方によって症状が改善することや悪化することがある。長期間の入所生活で，固定されているように見える症状でも，環境を少し変えることによって，症状が劇的に変化することがある。安易に「現状維持」を目標に置かず，生活全体を見直すことが望まれる。

●ダウン症の困難さと対応
　ダウン症の対応の困難さの背景には，ダウン症の方が元来持っている特徴が遠因となっていると考えられる。一つは，頑固とも表される融通のきかな

さ，もう一つは大人との一対一の関係中心の社会性の未熟さと対人的な敏感さである。

　比較的高い能力をもつダウン症の方は，幼児期からお母さんなど大人から褒められることを好み，そのために頑張って褒めてもらうという行動パターンを身につけがちである。しかし，作業所や企業では適切な要求水準などの配慮がされにくい。そのため，融通のきかなさから過剰適応となりがちになる上に褒められることも少なくなり，「急激退行」など精神症状をきたす。さらに，対人的に敏感に反応する方が多く，家族の変化，作業所や職場の些細な人間関係によって精神症状をきたし得る。

　もう一つのパターンとしては，比較的重度の方たちがもっている強いこだわりやマイペースへの周囲の人の干渉が契機になり精神症状をきたす。「速くしなさい」など些細な言葉がけも強いストレスがかかり，さまざまな精神症状を出し得る。

　対応については，状態を悪くすることは簡単である。ご本人の側にいて，頻繁に口出しをする，手伝う，または，大声で怒鳴る，叱るなどすれば，情緒不安定になり，切り替えの悪さやこだわりが増悪し，ケースに自傷行為などの行動障害が悪化する可能性が高い。

　治療予防とも，まずは要求水準を適切にすることである。ダウン症の方は褒められるために頑張りすぎる特性によって，しばしば能力以上の技能を獲得する。しかし，頑張りすぎ無理を重ねた結果，「急激退行」などの精神症状をきたしてしまうことも多い。このため，本来の能力を考えて，無理の無い要求水準を設定することが重要である。ただ，要求水準を下げすぎると，それまで積み上げてきたことを崩壊させるばかりではなく，意欲の低下や常同運動の増悪などがみられることがある。適度な要求水準を設定することは簡単なことではないが，非常に大切なことである。

　穏やかな雰囲気の中で，本人のマイペースを尊重した，ある程度余裕のある生活を送ることがダウン症の方の情緒の安定につながる。しかし，現実には，社会生活上，容認できない位マイペースがひどくなり，時には無理やり行動を変えさせなければならないこともあるので，本当に対応が難しいと感じる。成人期以降のダウン症の医療については，他にも身体合併症や老化，

アルツハイマー病など問題が山積しているが，紙幅の関係で割愛する。
　これらのダウン症の精神症状を理解し問題点と対応を福祉と共有していくことも医療の重要な役割である。

おわりに

　知的障害，発達障害のあるケースでは，愛着の問題やダウン症のケース以外にも，精神症状をきたしているにもかかわらず見過ごされ，本人が苦しんでいることが少なくない。これらについて，福祉と医療とが連携して予防や治療をする体制が求められる。

参考図書

岡田尊司（2011）愛着障害．光文社新書．
横田圭司（2014）虐待・いじめの実情と対応．（原田誠一編）メンタルクリニックでの主要な精神疾患への対応（1）．pp.102-108，中山書店．
横田圭司・千田若菜・岡田智（2011）発達障害における精神的な問題．日本文化科学社．

第6章

利用者の立場から
——福祉サービス

今井　忠

I　主旨

　発達障害児者（以下，本文では障害者）の医療ニーズには，重度知的の場合には，受診の難しさ等から，定期健康診断など，一般者と同等の健康管理がされていないことが多いという問題だけでなく，障害から来る固有の身体や精神・神経の医学的課題があると予想される。親が医療機関や福祉に期待する願いは，ともかく親身になって支えてもらいたいということである。福祉と医療の連携は，多職種が本人のために協同するという効果が期待されるが，しかし，現実には，必ずしも本人のより良い生活を第一にするための連携にならず，支援側の負担を軽減するためになされる可能性を否定できない。負の側面を無くし，真に本人のための連携にするには，関係者間の発達障害に対する共通認識の形成と地域単位のゆるい有志連携を当面進める必要がある。

II　発達障害児者の医療ニーズは一般の健常者と同一か

> 　重度知的の発達障害児者の医療ニーズは受診の難しさ等から、一般の健常者と同等の定期健康診断などがされていないことが多いという問題だけでなく、障害から来る固有の身体や精神・神経の医学的課題があると予想される。

障害者の医療ニーズは一般者と次の点で異なると考えられる。

①定期健康診断：検査器具や検査環境，採血など慣れない環境に不適応を生じ，時には，器具の破損もありうるため，検査に慣れるための系統的な支援が必要である。また，一般の医院では，待つことに耐えられないことが多い。円滑に行うには，それなりの体制が必要である。慣れた支援者が通常の数倍必要である。

②異常の発見：本人が痛みや異常を訴えることに困難を抱えているか，または，そもそも痛感などが鈍いためか，日常的に接している人（保護者，学校の先生，支援員等）が異常の兆候をまず発見しなければならない。

③持病等：てんかん，誤嚥，脱臼，フラッシュバック，自傷，便秘など，本人固有の疾患があるとともに，その出方に固有の特徴がある。日常的に接している人（保護者，学校の先生，支援員等）はそれらの特性を知っておき，予防とともに，悪化しない前に医療機関につなぐことが必要になる。

④付添いと代弁，誘導：障害者は自分では病状を訴えないし，治すという意味を理解していないため，医療機関にかかるには誰かが医療機関を探し，状況を説明し，本人を適切に誘導しなければならない。医師や看護師が本人に長く関わっている人であれば良いが，そうでなければ，本人の病歴や過去の悪化・回復の経過を踏まえた状況を説明できる代弁者が必要である。○○の後は肺炎になりやすいや，○○の薬は効かなかったなどである。④については次節で述べる。

前記の①と④は十分に想像していただけるが，②と③については補足したい。

元児童入所施設の看護師の黒澤晃子氏は，東京都自閉症協会発行の『プリズム』№219（2015年3月）の「発達障害者の命を守る──初期兆候を見逃すな」で次のように書いている。

- 病院は慣れない所のため不安から拒否になり，医療側に治療が難しい人という印象を与える。
- 言葉という手段を持たないため，また，痛感が鈍い方も多く，異変が症状として現れた時点で，健常者よりもその症状が進んでいることが多い。

表6-1　平成23年度から平成26年度4年間に
保険の死亡弔慰金の給付を受けたケース（日本自閉症協会）

癌，リンパ腫…7件	播種性血管内凝固…1件	溺死…3件
心不全，不整脈，心筋炎…7件	腹膜炎，虫垂炎…1件	出血性ショック…2件
肺炎…3件	呼吸不全…1件	急性薬物中毒…2件
てんかん…3件	くも膜下出血…1件	電車轢死…1件
腎臓，肝臓不全…2件		原因不明…2件

- 健康管理を意識して頻回な計測や観察を始めると本人を監視してしまうことになる。
- 異常の早期発見は，本人から発信されるわずかで曖昧な情報『いつもと違う』を感じることから始まる。

　医師だけでは，日常の生活状況を観察し，異常を発見することは時間的に難しいと思われる。発達障害者，知的障害者を診る看護師として，専門看護師制度の一分野として位置づけられないだろうか。

　表6-1のデータは，日本自閉症協会が行っている保険の統計から得たものである。平成23年度から平成26年度4年間に保険の死亡弔慰金の給付を受けたケースの死亡原因である。保険加入者数は約6,000名である。毎年10名前後の加入者から死亡弔慰金の申請がある。

　ここには示していないが，加入者は10代から40代であり，年齢が高いほど死亡者数が多いということはなかった。このデータだけで判断するのは早計過ぎるが，持病だけでなく，そもそもなんらかの健康上の弱さや，場合によっては，精神科薬の影響があるのではないかと推測される。通常の健常児・者とは異なる注意が必要である。

III　親の願い

親が医療機関や福祉に期待する願いは、ともかく親身になって支えてもらいたいということである。

東京都自閉症協会では2017年の秋に精神科医療に関するアンケート調査を行った（NPO法人東京都自閉症協会，2018）。会員を中心に1,300名ほどに配布し，430名ほどから回答を得た。その中の医師や医療機関についての現状の評価では，関わってもらっている医師に多くの感謝の気持ちが述べられていた。何を評価しているのかを分析すると，狭い意味での医療行為に対してではなく，親の折れそうな気持ちを支えてもらった，関わり方のヒントをもらえた，学校に働きかけてくれたなど，であった。薬よりもまず言葉だったのである。それから見える親や成人当事者の願いは，ともかく親身になって支えてもらいたいということである。
　さて，Ⅱ節の④の代弁の役割をいったいだれが担うのか。親や親族が担い続けることはできるのか。
　福祉サービスを利用している障害者の生活には，大きく次の3つのパターンがある。

　　a．入所施設のように昼夜とも同一の福祉サービス下にある場合
　　b．夜はグループホームだが，日中は作業所等に通っている場合
　　c．在宅だが，日中のみ作業所等に通っている場合（訪問支援含む）

　同時に，本人のことが分かった保護者がいる場合と，他界されていたりして，幼い時からの本人のことをよく分かった人がいない場合がある。前者であれば，a，b，cのどのケースであれ，保護者と日中を見ている支援施設側の両方で協力し合うことになる。しかし，後者のいわゆる親亡き後のような場合はどうなるのだろうか。生活を共にしている日中の支援機関と夜の支援機関の協同作業ということにならざるを得ない。しかし，親族ではないし，人事異動がある。保護者が子に寄り添ってきたのとは本質的に異なる。兄弟ですら通常は親ほどには把握していない場合が多いであろう。核家族化している今，以前よりも家族で引き継ぐことが困難になっている。成年後見制度がそれを満たすものなのか，まだ，確信がもてない。これまでは，入所施設などの支援機関が家族的な関係を意識していて面倒を見てきたと推測する。だが，bとcが主流になってきた今，この医療における本人の代弁をだれが担うのか，一生を診るかかりつけ医的なことを制度化するのか，検討が必要だと考える。

「ハウス（家）があってもホーム（家庭）が無い」になってはならない。今回のテーマである「福祉と医療の連携」も，親身になって本人を支えること，それは保護者がいなくなってもホーム（家庭）があることという視点から考える必要がある。

Ⅳ　福祉と医療の連携の明と暗

> 福祉と医療の連携は，多職種が本人のために協同するという期待される面があるが，しかし，現実には必ずしも本人のより良い生活を第一にするための連携にならず，支援側の負担を軽減するためになされる可能性を軽視できない。負の側面を無くし，真に本人のための連携にするには，発達障害に対する基本的認識の形成と地域単位のゆるい有志連携を当面進める必要がある。

制度的にも，また，歴史的にも福祉と医療の連携がされてきたのは重度の利用者が多い入所施設である。そこは看護師や嘱託医が存在している。診療所を併設しているところもあり，いわば医務室が用意されているのである。誤嚥，発熱，自傷，爪はがし，下痢，転倒，インフルエンザやノロウィルス，水虫の感染，などなど，外傷や内科，皮膚科のしごとに加え，薬の管理，さらには，外部の医療機関に受診させたり，入院先を探したり，じつに多くの役割を担っている。利用者の在所年数も長いため，本人の特徴をよく把握している場合が多い。個々の利用者の初期症状のパターンもよく知っている。散歩での歩行の様子が普段とちょっと違うことから盲腸を発見したりする。とくに，入浴時に身体全体を見ることができるので，異常の発見に有効である。これらの健康管理や病気の対応については，支援職員側が主導している場合と，医務側が主導している場合があると聞いている。福祉と医療を一体的にサービスしているところは構造として，少なくとも外見的にわかる医療的事柄については連携しやすいし，現在，なんらかの連携はされていると思う。ただ，そのような環境であっても，見る目がなければ機能しない。支援職員は交代制なので，意外に個々の利用者の病歴や持病を意識していない場

合がある。たとえば入浴においても，ただたんに洗ってすませてしまい，身体の変化に関心を向けない（癖になっていない）職員もいる。なので，職員同士かまたは，医務室側が，各支援職員に変化に関心を持たせるように仕向ける必要がある。また，保護者もクレームではなく，日頃から職員と情報交換しておくのが良い。そうやって，健康への感受性を高めていくことである。では，Ⅲ節のbとcのような入所施設以外の場合，このような連携をどうするのか。そこで述べたように，親亡き後のことは別にして，福祉支援側，保護者，医療機関（提携含む）が連絡しあうことであろう。

　福祉と医療の連携は，入所施設を含めこのようないわゆる内科，外科，皮膚科等の病気分野に関しては，実力の問題はあるにしても，関係者間での方向の違いは生じにくい。しかし，発達障害を念頭においた連携ではこの方向が不一致になりやすい。親の思うこと，医師や医療機関の考え，福祉支援側の思いが一致しないことがよく生じる。通常の病気への対応と，発達障害が背景にあって生じる諸症状への対応の考え方が，これほどまでに違うのはなぜなのか。ここで，てんかんはスパイクという客観的指標があるので病気と同様に扱える。しかし，とくに自閉症でみられる不安定な症状は環境や人の対応で軽減できる場合が多いし，本人の無意識の表現だともとれる。たとえば，いつもと何かが違うために予想がつかなくて不安だとか，偶然に見えたものから過去の嫌なことが蘇ったとか，ほかに原因がにあるにもかかわらず，その結果としての行動を薬で抑制することが正しいのか。ほんとうに薬以外の方法はないのか。薬を飲ませて，ぼおーっとしてでも，通常級に行くのが良いのか。集団管理のために，静かに大人しくしていれば良いのか。このようなことで意見が分かれるのである。前述の入所施設であっても，支援職員と医務室は対立するわけにいかないので，結局，支援職員の意向に沿って医師は処方しているケースが多いと聞いている。医師は普段の様子を完全に見ているわけではないので，支援職員の話で処方するしかないのが多くの現状であろう。このように精神分野の福祉と医療の連携は，障害者本人が言えないだけに，支援側が楽になるための処方になっていく可能性が高いと考える。それは，本人の代弁者であるべき親がそこにいても，専門家同士の協議の結果なら従わざるを得ないであろう。ADHDの薬が今以上に学校の先生や支

援施設側から勧められかねない。エビリファイ（自閉スペクトラム症の易怒性に適用を持つ抗精神病薬）が早期に投与されるケースがなおいっそう増えると思う。前述のアンケートにおいても，福祉支援者が回答しているケースでは，それを予想させる。学校の先生から服薬を提案されたという記述も複数あった。「自分のところはこれ以上のことはできない，そっちでなんとかしてくれ」という，負担の押し付けになってしまわないか。集団生活を前提とする限り，精神科薬で適合させるしかないという発想は本人中心ではなく，集団優先と思えてしまう。手っ取り早い方法に走ってしまわないか。混乱期や，興奮が続いて睡眠がとれないなどの場合に対症療法的に服薬することまで否定しない。わずかな服薬で安定し生活を楽しめるようになったりすることもある。しかし，一定の平穏が達成された後もずっと飲み続けている現状からは，福祉と医療の連携がもたらす負の側面に言及せざるを得ない。

　福祉と医療の連携が本来期待される良い結果をもたらすためには，自閉症を含む発達障害者の支援の考え方の基本的な合意が必要である。通常の病気はそのことの合意が得られるのであるが，精神症状に関しては，まだ，その共通認識が得られていない。そうなると，連携した結論が，力のある側，権威のある側に引き寄せられ，真の多職種連携にはならない。たんに相手を利用するための連携であってはならない。

　全国では，地域で顔の見える連携ができているところがあると聞く。専門家である前に人として互いに信頼し協力しあう関係があれば，そして，関わり方においても互いに共通認識があれば，あるべき本人中心の連携ができると思う。連携を制度などシステム的に整理すればするほど志が抜ける。病気の支援と異なり，人そのものを支えるしごとは人格が求められる。しかし，人格は専門性とは言わない。報酬評価の対象でもない。だから難しい。まずは，地域単位でゆるい有志連携をしていくことではないだろうか。

文　献

黒澤晃子（2015）発達障害者の命を守る―初期兆候を見逃すな．プリズム，No. 219．NPO法人東京都自閉症協会．
NPO法人東京都自閉症協会（2018）発達障害者のための精神科医療について期待すること，改善してほしいこと．

III

医療における知的・発達障害の現状

第1章
児童精神科の立場から

小野和哉

はじめに

　行動障害の状態にある知的・発達障害者に対しての支援は，一般に医療的な関わりが困難な場合が多く，このため，適切な医療が受けられない状態で彼らの心身の問題が重篤化しやすい実態が有ると考えられる。実際には，栄養失調，てんかん，アレルギー，中耳炎，胃食道逆流症，月経困難症，睡眠障害，発作性障害，視覚障害および聴覚障害，口腔健康障害，および便秘症などがよく認められる（Jansen, et al., 2004 ; Kennedy, 2007 ; Krahn, et al., 2006 ; Sigafoos, et al., 2003）。この問題をさらに複雑にしているのは，障害が深刻なほど，診断治療される可能性が低くなることである（Symons, et al., 2009）。未診断または未治療の健康問題は，障害者の平均余命を減少させ，二次的な合併症の発症に関連する（Cooper, et al., 2004）。児童精神科医はこの分野の一翼を担っていると思われるが，その実態はいままで知られていなかった。このような分野において児童精神科医がどの程度関わりを持ち，どのような困難を抱えているかを具体的に明らかにする目的で，日本児童青年精神医学会の会員医師を対象にアンケート調査（平成28年度厚生労働省行政推進調査事業補助金研究「行動障害の状態にある知的・発達障害者に対しての支援に関する児童精神科医の関わりの実態調査」）を施行してみたので，その結果を踏まえて，この分野において児童精神科医が関わっていくにはど

のようなことが必要なのかを考えてみたい。

I　研究方法

全国の日本児童青年精神医学会の医師会員を対象に，行動障害の状態にある知的・発達障害者に対しての支援に関する児童精神科医の関わりの実態調査票」を作成し，2016 年 10 月に郵送によるアンケート調査で現状を評価した。

（倫理面への配慮）日本発達障害協会の倫理委員会の承諾を得た上，日本児童青年精神医学会の倫理委員会の承諾も得て施行した。

II　研究結果

日本児童青年精神医学会の医師会 2,065 人を対象にアンケート調査を施行した結果，513 件の回答（回収率 24.8％）を得た。その結果概要は以下のようである。

1．医師の臨床経験

10 年以上の臨床経験のある医師が 344 名（67.1％），20 年以上の臨床経験がある医師が 181 名（35.3％）であった。このことから回答された医師はベテラン医師がほとんどである。

2．福祉機関での勤務状況

無いものが 291 名（56.7％），有るものが 221 名（43.1％）であった（図1-1）。この内訳は，1．福祉事務所 13 人（5.9％），2．知的障害者更生相談所 52 人（23.5％），3．障害者更生相談所 6 人（2.7％），4．児童福祉施設 181 人（81.9％）であった（図 1-2）。最も多い児童福祉施設では a．乳児院 7 人，b．母子生活支援施設 7 人，c．児童厚生施設 1 人，d．児童養護施設 25 人，e．障害児入所施設 72 人，f．児童発達支援センター 56 人，g．情緒障害児短期治療施設 32 人，h．児童自立支援施設 23 人，I．児童家庭支援センター 10

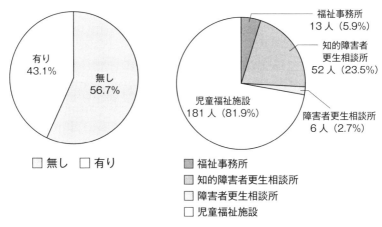

図1-1 児童精神科医における
福祉機関の勤務経験

図1-2 児童精神科医が勤務する
福祉施設

人であり，障害時入所施設や，児童発達支援センターで医師の活動が顕著であった。

3．勤務状況

常勤54人（24.4％）に対して非常勤が150人（67.9％）であり，非常勤での関わりが最も多い。

4．福祉施設での医療行為の困難さ

この調査では，困難さは感じていないは58人（26.2％）であり，困難さを感じていた医師は160人（72.4％）に及んでいた（図1-3）。困難さの理由は医療を行う人的体制中でも職員の医療に関する

図1-3 児童精神科医が
福祉機関の医療行為に感じる困難

知識の不足を指摘するものが80人（36.2%）。その他は，施設設備の不十分63人（28.5%），可能な医療行為の範囲の不明確さ29人（13.1%），診療時間の確保の困難27人（12.2%）などが指摘されていた。

5．福祉施設における医療行為の専門研修の受講の有無

　受講経験は無い医師がほとんどで437人（85.2%）であったが，受講の機会があれば受講したいとの希望は239人（46.6%）で半数以上の医師にみられた。受講している医師の内訳は，1．国，都道府県，市区町村が主催する研修会が25人，2．学会が主催する研修会が25人，3．NPOなど学会以外の民間団体が主催する研修会19人であった。

6．福祉施設における医療の必要性

　448人（87.3%）のほとんどの医師が必要と考えており，じっさいに福祉施設からの依頼で入所者の医療を行った経験が有る医師は393人（76.6%）に及んだ。こうした経験において困難さは292人（74.3%）というほとんどの医師が感じており，その理由として1．身体的併存障害に関し医療機関の連携が困難103人，2．臨床症状が重く，対応するには医療機関側の体制が整っていない139人，3．診療に時間がかかるがその時間が確保できない105人，その他111人であった。

7．児童精神科医師の関与の必要性の理由

　関与の必要性の理由を整理してみると医学的見地の必要（129件）や専門的な視点の必要性（79件）を指摘する者が最も多く，次に日常診療や予防医療の必要性（45件），医療と福祉の連携（26件），緊急対応・虐待対応の必要性（21件），そして病態の重症化・複雑化（16件），発達障害児への対応の必要（14件）が指摘されていた。少数意見（2件）だが介護職員のメンタルヘルスの課題が上げられていた。

8．児童精神科医の声

　アンケートに付記された文章データを整理し，児童精神科医の声としてま

とめてみた。

　現場での困難さは具体的には以下のような事象である。

　①職員：対応の精度が整わない。薬物の投与が不適切。②医師：診察の場だけでは分かりにくい。診療報酬面で対応が少ない。③患者：薬の拒否が多い。高齢化がみられる。④保護者：理解に乏しく，援助能力が低い場合が少なくない。⑤施設課題：構造化した対応が困難。⑥連携：施設ニーズと医療機関の対応限界の齟齬。⑦臨床情報：付き添いの職員からの情報が不十分であり共通シートの必要がある。

9. 児童精神科医師からの提言の整理

　（医師に関して：）報酬の低さが関与を困難にしている点や，アウトリーチ型の医療になんらかのメリットを設ける必要などが指摘されていた。また実際に児童精神科医師不足があること，大学教育においてさらに障害児医療を重視する必要や，そうした施設へのローテション義務化などが指摘された。

　（医療システムに関して：）施設と医療の連携に関する法整備や行政への児童精神科医の関与の義務化などが指摘されていた。また，より具体的には，施設での医療的対応必要時に，初期対応をオペレーションするセンターを設置し，オンコール（on call：呼び出しにすぐ対応できるように待機）となっている医師に繋ぎ，指示をうける，施設サポートシステムを構築し，この部分が一次対応で，その対応では不十分の場合二次対応医療機関を定め，迅速かつ円滑な運用を図ることも提案されていた。

　（搬送方法の明確化：）病態が重篤化しやすいことから緊急搬送も想定されるが，その方法にも確立した方式が求められる。緊急搬送時のマニュアル（精神保健福祉法第34条に基づく移送にかかるマニュアルに準拠）を策定し，措置入院に類似した搬送方法を確立する。

　（臨床に関して：）非薬物療法における臨床研究の不足や施設で行える医行為の範囲の明確化の必要が指摘されていた。

III 考察

　児童精神科医師の福祉施設での勤務は43.1％の約半数の医師によって経験され，10年以上のベテラン医師を中心に行われ，児童福祉施設（81.9％）においてその活躍がみられる。しかし常勤医師は極めて少なく，非常勤医師（67.9％）により対応されていた。また72.4％の医師がそこで医療行為の困難さを感じており，その理由は人的体制（51.1％）が最も課題であり，中でも職員の医療知識の不足（36.2％）は問題とされていた。また施設面での整備も課題として多くの医師に感じられていた。こうした医師に対して専門講習の必要性を見てみると，受講経験は85.2％の医師に無いものの，その必要性は46.6％の医師に認識されており，今後専門講習を行う意義は少なくないと考えられた。

　実際問題として福祉施設での医療は，その必要性は，87.3％の医師に認識されており，実態として，福祉施設からの依頼を受けた医師は回答の76.6％に及んでいた。ただその際の困難さもほとんどの医師が感じており（74.3％），その理由として臨床症状が重く，それに対応する医療機関の体制の不整備や，時間の不足，医療機関との連携の困難が指摘されていた。

　また，文書データを含めて検討してみると，①職員，②医師，③患者，④保護者，⑤施設課題，⑥連携，⑦臨床情報において各個の課題が認められ，特に，患者および保護者の高齢化する中で医療ニーズが増加している背景から，対応の具体化が急務であることが伺えた。

　また対応している児童精神科医の側から発達障害や，虐待への対応，そして施設職員のメンタルヘルスへの言及が見られ，施設のより詳細な実態の検討や支援も重要と考えられた。介護職員も種々のストレス状況にあることは推定され，援助者の「燃え尽き」にも留意する必要があるだろう。さらには，児童精神科医の関与を促す施策の必要性が指摘されていた。加えて，医学教育の中で組み入れの必要や，ある程度のインセンティブ（incentive：意欲向上や目標達成のための刺激策）を加えて福祉施設医療への一定の関与の義務など積極的な参加を促す試案も提案されていた。教育面では近年この分野の

配慮がみられつつあるが，診療報酬面では何らかの管理加算がないと推進されない懸念は確かに強いと言えるだろう。この点，児童精神科医の不足と相まって，早急な対応が必要と思われる。実際問題として，児童精神科医の関与が増えた場合次に課題となるのは福祉施設内での医行為の範囲である。この点が不明確であることが指摘されており，今後の研究により福祉施設内での医行為の範囲のガイドラインが作成されると，よりプライマリーなケアが充実するのではないかと考えられる。

Ⅳ　まとめに代えて

　われわれは，児童精神科医が，障害福祉分野においてどの程度関わりを持ち，どのような困難を抱えているかを明らかにする目的で研究を進めてきた。この分野に関わる児童精神科医はアンケート回答医師の全体の半数近くに及んでいたが，種々の困難も感じていた。今回の結果により現状の課題から浮かび上がってきた次の6点，専門研修の拡充，職員教育の必要性，施設設備の充実，医療連携体制の確保，医師の関与を促進する施策，福祉施設での医行為の範囲の明確化，が今後この分野の児童精神科医の関与を深めるには重要であると考えられた。

　知的障害のある人々の行動障害においては，多面的な行動観察の必要が言われてきた。興奮状態にあるのには，何らかの起源となる事象があることが多く，その事象の探索，除去により容易に行動障害が改善する場合も少なくないからである。行動障害をコントロールし，背後にある身体的課題の重篤化をさけるためにも事例の継続的で十分な観察が，安易な薬物療法的接近を回避し，健康を保持させるのに重要である（Deb et al., 2010）。

　児童精神科医は，現在通常の医療現場においても不足しており，施設対応に時間を割くことが困難なことは言を待たない。特に知的障害に関する関与は，英国など，この分野の対応が進んでいる地域でも少ないのが現状である。実際，教育や行政分野でも児童精神科医の関与は広く期待されている。しかし，行動障害の状態にある知的・発達障害者の存在する福祉施設におけるニーズは高く，虐待や発達障害の理解や，行動障害への薬物療法の工夫，さらに

は職員のメンタルヘルスなど総合的アプローチに関しては，児童精神科医が，内科医や小児科医と異なって適切な役割を果たせる可能性は高い。そこで児童精神科医の関与範囲が明確に規定され，短時間であっても有効な継続的関与が行えるようなシステムの構築が求められる。

参考文献

Cooper, S.A., Melville, C., Morrison, J. (2004) People with intellectual disabilities. BMJ., 329 (7463) ; 414-15.

Deb, S., Salvador-Carulla, L., Barnhill, J., (2010) Problem Behaviours in Adults withIntellectual Disabilities : An International Guide for Using Medication. The World Psychiatric Association (WPA) : Section Psychiatry of Intellectual Disability (SPID) .

Jansen, D.E., Krol, B., Groothoff, J.W., et al. (2004) People with intellectual disability and their health problems : A review of comparative studies. J Intellect Disabil Res., 48 (Pt 2) : 93-102.

Kennedy, C.H., Juarez, A.P., Becker, A., et al. (2007) Children with severe developmental disabilities and behavioral disorders have increased special healthcare needs. Dev Med Child Neurol., 49 (12) ; 926-930.

Krahn, G.L., Hammond, L., Turner, A (2006) A cascade of disparities : health and health care access for people with intellectual disabilities. Ment Retard Dev Disabil Res Rev., 12 (1) ; 70-82.

Sigafoos, J., Arthur, M., O'Reilly, M.F. (2003) Challenging behavior and developmental disability. London, Whurr Publishers.

Symons, F.J., Harper, V.N., McGrath, P.J., et al., (2009) Evidence of increased non-verbal behavioral signs of pain in adults with neurodevelopmental disorders and chronic self-injury. Res Dev Disabil., 30 (3) ; 521-528.

第 2 章

小児神経科から

小倉加恵子

はじめに

　近年，知的・発達障害児者を対象とした福祉関連施設におけるサービス利用者において，日常的に医療的ケアを要するケースが増加し，高齢化にともなう生活習慣病やがんなどへの対応・予防医療の必要性も増している。さらに，強度行動障害といわれる利用者のマネージメントには医学的な知識と対応が欠かせない。これらの課題に対して，福祉領域で提供される医療サービスの拡充は，障害児者施設の利用者にとって大きな貢献になると想定される。本章では，障害児者医療・福祉の専門領域の一つである小児神経科の専門医を対象とした調査結果をもとに，福祉領域における医療サービスの充実化に向けた対応策について提言する。

I　福祉関連施設における小児神経科医の勤務状況

　小児神経科医からみた福祉関連施設における医療の役割について明らかにするため，平成28年度厚生労働科学研究（障害者施策総合研究事業）「医療的管理下における介護及び日常的な世話が必要な行動障害を有する者の実態に関する研究」（研究代表者：市川宏伸）の分担研究「知的障害児者施設における医療の課題と方向性に関する研究」としてアンケート調査を実施した。

表2-1 福祉関連施設での勤務を希望しない理由

情報不足	●福祉施設で可能な医療内容・範囲が不明だから ●コメディカルの体制が不明 ●必要性が明確でない ●福祉関連施設の種類や医師が働けることを知らなかった ●身近に情報があれば考えていたかもしれない
仕事内容への不安	●仕事の負担，責任が大きそうなので ●人手不足や病院や施設間調整の困難さが予測されるから ●専門性が高いから ●オンコールでの待機が長く，呼び出しが多い ●医師一人の職場では知識や技術において不安になってくる
個人的理由	●現状で手がいっぱいだから ●開業医だから ●専門性が高く自信がない
その他	●今は働きたくないが，将来的には働きたいと思っている ●非常勤であればできるかもしれない

調査は日本小児神経学会認定の小児神経専門医1,110名を対象とし，郵送法による無記名アンケート調査を実施した。アンケートの回収数は568名，回収率は51.2％であった。回答者の医師経験年数は10年以内が10名，11～20年が190名，21～30年が165名，31～40年が172名，41年以上が26名，未回答が5名であった。

　福祉関連施設での勤務経験がある医師は251名（44％）で，勤務経験者の割合を医師経験年数別にみると，10年以内が0名（0％），11～20年が61名（24％），21～30年が80名（32％），31～40年が89名（35％），41年以上が19名（8％），無回答2名（1％）であった。勤務形態としては，常勤が124名（49％），非常勤が84名（34％），無回答43名（17％）で，医師経験年数が40年以上で常勤の割合が高い傾向を示した。福祉関連施設種別にみた勤務先としては，児童福祉関連施設が248件と最も多く，その内訳は，障害児入所施設171件，児童発達支援センター58件，児童養護施設16件，乳児院10件，情緒障害児短期治療施設5件，児童自立支援施設3件，母子生活支援施設2件，児童家庭支援センター2件であった（複数回答あり）。児童福祉関連施設以外の施設としては，身体障害者更生相談所，知的障害者更

生相談所などであった．児童厚生施設での勤務経験者はなかった．なお，本調査の限界点であるが障害児入所施設に関して医療型と福祉型の区別は問うていない．

　福祉関連施設における勤務経験がない医師317名に対して，福祉関連施設での勤務希望を問うたところ，希望しないと回答した者は209名（66％）であった．その理由としては，他にやりたいことがある118件，職場に必要とされる技能が分からない45件，専門性が活かせない39件，勤務形態がわからない33件，専門性が不足している28件，その他22件であった．勤務を希望しない理由の自由記載に関して表2-1にまとめた．

II　福祉関連施設に関する専門研修

　福祉関連施設の勤務希望がないことについて情報不足を理由としてあげた者が多かった．福祉領域における医療に関する専門研修の受講状況について問うたところ，受講したことがあると回答した者は108名（19％），受講していないと回答した者は450名（79％）であった．受講した研修の実施主体については，学会68件，学会以外の民間団体40件，国・都道府県・市区町村39件，その他6件であった（複数回答）．受講経験のない450名のうち，機会があれば受講したい185名（41％），どちらでもない158名（35％），受講したくない30名（7％）という回答であった．

III　福祉関連施設における医療行為の困難さ

　福祉関連施設での勤務経験がある者251名のうち，福祉関連施設で医療行為を行う上での困難さがあったと回答した者は172名（69％），困難さがなかったとするものは73名（29％），無回答は6名（2％）であった．困難さを感じた点としては，医療を行うための人的体制が整っていない118件，医療を行うための施設設備が整っていない107件，福祉関連の施設で可能な医療行為の範囲がわからない34件，診療するための時間が確保できない24件，その他26件であった．困難さを感じた理由の自由記載について表2-2にまとめた．

表 2-2 福祉関連施設における医療の困難さ

物理的環境	●薬や物品の不足 ●医療行為ができない
人的環境	●医師不足で常に 24 時間 365 日体制での勤務 ●役割が明確ではない ●非常勤の場合,責任の範囲についてわからない ●非常勤のため,勤務時間外の急変や相談を受けることができない ●専門職の不足 ●非常勤医師と常勤スタッフとの意思疎通が困難
システム上の問題	●医療行為以外の仕事の多さ ●医療行為ができない／制限されている ●ワクチンへの救済がない ●行政に施設運営の決定権があり医療行為への理解が得られない
医療機関間の連携体制不十分	●他医療機関との連携不足,相互理解不足 ●眼科,耳鼻科など他科との情報共有がない
利用者ニーズの変化	●病態が重度化・複雑化,高齢化 ●発達障害児外来相談の増加 ●家族の面会が少ない／来ない(同意取得困難,末期治療方針の不一致など) ●過大な要求に応えられずストレスを感じる

Ⅳ 福祉関連施設において医療は必要か？

多くの医師が福祉関連施設における医療行為の困難さを訴えているが,現場として医療の必要性を感じているのだろうか。その問いに関して,福祉関連施設において医療が必要と答えた者は 509 名(91%)と大多数であった。その理由について表 2-3 に自由記載をまとめた。要点をまとめると,診断・アセスメント・医学的視点からの指導が必要,医療的ケア児や発達障害児の増加,被虐待児の増加といった近年の背景状況の変化や,事故防止,環境調整,疾病の早期発見・潜在疾患の発見など利用者のニーズの多様化によるところがあげられる。また,患者によっては,搬送が困難であったり,家族の同意や病態理解を得難いといった外部医療機関への受診に難しさがあるなどの社会的事情も関連する。さらに,発達支援や就労における専門的アドバイ

表 2-3　福祉関連施設における医療が必要な理由 (1)

医学的知見が必要	●医師による正しい診断・見立てが必要 ●医学的知識が必要なことが多い ●スタッフへの医学的アドバイザーが必要
日常診療や予防医療の必要性	●日常的に投薬やリハビリなど医療を必要とする利用者がいる ●高齢化に伴い日常的に医療を必要とする利用者が増えている ●心身障害や生活習慣病の合併に対して医療が必要 ●日常生活において医療的側面からの指導が必要な場面が多い ●予防接種，院内感染の予防，成人領域疾患への対応など多岐にわたる ●感染対策が必要
病態の重度化，複雑化	●医療的ケアを要する障害児者が増えている ●身体合併症・知的発達など全身的なマネジメントを要する方が多い ●複雑な医療技術が必要な患者が増えている。重症化している ●精神行動上の問題と対する医療的アプローチが必要。医療の継続的なかかわりが必要 ●強度行動障害児者の医療は状態をわかっている福祉施設で行うのが最も適していると思われるから
緊急対応，虐待対応の必要性	●急変など多くある ●医療行為ができないと緊急性のある利用者に対しての対応が遅れる ●急変時に受け入れ可能な病院をすぐに確保できない ●虐待（心的，身的）対応があり，医療的介入が必要な利用者は少なくない
専門的な視点の必要性	●専門性が高い領域。専門家の視点が必要 ●一般病院では気づかれない症状がある ●一般開業医の先生方の中には障害のある児を診ることが苦手な先生がいらっしゃる ●利用者の状況の多様化。求められる専門性のニーズが高まっている
発達障害児者への対応の必要性	●発達障害への理解，対応についての職員教育が必要。診断がついていない児もいるため ●発達障害の診療は福祉・行政・教育現場での対応が必須で，外部医療機関からの関与では難しい面がある ●発達障害のある利用者に対する薬物・行動・精神療法などが必要

表 2-3　福祉関連施設における医療が必要な理由（2）

社会的事情	●搬送の大変さ ●頻回に他の医療施設に受診するのは困難 ●外部医療機関側の受け入れ体制が不十分なため ●他施設での加療に対する家族の同意がすぐに取れない ●家族のつきそいが得られないなどの問題で容易に病院に行けない
福祉と医療の関係性	●医療と福祉の間に明確な境はなくシームレスであるから。医療と福祉は切り離せない ●医療と福祉の密な連携をするうえで必要

スが必要，患者病態の重度化や複雑化により病態理解が困難，急変しやすい，身体ケアと精神ケアが同時に必要など従来よりも専門性の高い医療が必要となっていることが影響していると考えられた。

以上より，福祉関連施設において医療が必要であることはもちろん，さらなる医療の充実化が求められていることが明らかになった。一方で，勤務経験者の7割が働きにくさを感じており，勤務未経験者のうち勤務を希望する者は3割にとどまっている。現状では，福祉関連施設は医師を動員し難い職場と言える。医療の困難さを感じる内容と医療の必要性がある内容がおおむね一致することから，現状の困難さを解決することが医師動員を図り，望まれる医療を提供することにつながると言えよう。

V　福祉関連施設における医療の充実に向けた対策

福祉関連施設における医療の充実化のために，勤務経験者が困難さを感じた最大の理由である医療に関わる人的体制・施設設備などの環境整備が優先されると考えられた。具体的には，医療行為が可能な設備及び人的配置の整備，専門的技術や知識を維持・向上できる環境の構築などが考えられる。さらに，一つの施設に対して医師一人の体制で勤務する状況が多いことから，医師の過重責務予防，医師複数体制の努力義務化，施設内の多職種の医療に対する技能や理解の向上，地域医療機関とのネットワーク構築についても検討していく必要がある。

また，新たな人材を求める上では，福祉関連施設で必要とされる医療内容，関連する法制度，医師の果たすべき役割・意義について明確化し，研修などを通じて周知することが必要と考えられた。福祉関連施設での勤務未経験者の中には，福祉関連施設が多種あることや医療の必要性があることを知らない医師が多かったため，福祉関連施設の種類や利用者の状態，必要とされる知識・技術，勤務医のモデルケースなどについての専門研修が望まれる。特に育児等で休職中あるいは定年後の医師に対して積極的に情報提供することで潜在する人材を活用できる可能性がある。さらに，学生教育や医師臨床研修制度の履修項目に福祉関連施設の医療を位置付けることも一つの対応となりうる。また，自治体運営の施設によっては嘱託医の勤務日削減が行われており，行政が現場ニーズを十分理解していない状況がみられることから，社会的な啓発も必要であろう。

Ⅵ　福祉と医療との連携状況

　前項まで福祉関連施設における医療の必要性とその充実化に向けて論じてきた。その中で，地域医療機関とのネットワーク構築すなわち福祉と医療との連携が一つの打開策となりうることに触れた。ここでは，医療と福祉との連携状況についての調査結果を示す。小児科・小児神経科として医療以外の領域と連携していると回答した者は522名（91.9％）と大多数であった。連携している領域としては，教育439件（77.3％），福祉378件（66.5％），保育337件（59.3％），保健312件（54.9％），就労88件（15.5％），その他として行政，司法，患者団体，在宅サービスなどであった。連携方法としては，医師本人による連絡319件，病院・医院のメディカルソーシャルワーカーによる連絡272件，地域連携会議などの会議・会合250件，病院の地域連携関係の部署による調整237件，その他としては，外来受診時に保護者とともに他領域の職員が同席，特別支援学校訪問，園医・校医としての活動，講演・講義などによる教育，行政主体の事業，相談支援専門員など地域のコーディネーター，教育委員会などへの専門家としての参加，患者団体の役員，書面でのやりとりなどであった。

連携状況への影響因子を見出すために，専門研修の受講と福祉関連施設での勤務経験について検討した。専門研修の受講経験の有無と福祉領域との連携の有無についてカイ二乗検定をおこなったところ，専門研修の受講経験がある場合，有意に福祉関連施設との連携が多かった（$p < 0.05$）。また，福祉関連施設での勤務経験の有無と福祉領域との連携の有無についてカイ二乗検定をおこなったところ，福祉関連施設での勤務経験がある場合，有意に福祉関連施設との連携が多かった（$p < 0.05$）。

以上の結果から，小児神経科専門医のほとんどが医療以外の領域と連携しており，その中でも福祉領域は連携先として大きな割合を占めていることがわかった。また，専門研修の受講や福祉関連施設での勤務が福祉と医療の連携を推進する可能性があると考えられた。

Ⅶ 福祉と医療の連携を図るための課題

小児科・小児神経科が他領域と連携する上での困難点・改善を望む点について得られた意見は次のとおりである。「お互いの領域についての知識不足」，「医師の時間不足」，「ケースワーカー・スクールソーシャルワーカーなど連携に関わる専門職の不足」，「医師個人の努力に任されている状態」，「会合や面談は診療報酬に結びつかない」，「勤務医の場合は雇用者から無報酬の連携活動が認められない場合がある」，「医療側からの一方向的な情報提供に終わりフィードバックが得られない」，「医療以外の領域では担当者が短期間で変わるため継続性がない」，「個人情報保護の観点が強調されて情報のやりとりが十分にできない」，「自治体による体制の差異」，「就労人事者との面談が困難」などであった。

以上から，医療と福祉の連携にかかる経済的・時間的コストの問題をクリアしなくては継続した連携体制を構築することは難しいと言える。解決に向けて，現在実践されている連携状況を評価し，適正に保険診療点数を見直すことが必要と考えられた。また，連携する両者のコスト軽減と連携の効率化向上のために，領域間で知識を共有するための機会や各領域に通じる専門性をもったコーディネーターの育成も解決策の一つとなると考えられた。

まとめ

　現在，障害者福祉関連施設における医療のニーズは高まっており，その充実化が喫緊の課題であることがわかった。そのためには，障害者福祉関連施設における医療行為の範囲を明確にするとともに，医療に関わる人的体制や医療行為を可能とする施設設備などの環境整備を進め，医学教育・研修を通じた人材育成並びに情報提供による潜在人材の掘り起こしが急務と考えられた。さらに，現状の資源を活用する方法として福祉と医療との連携推進があげられる。医療と福祉の連携はすでに実践されているところではあるが，経済的・時間的コスト面の問題が大きく，継続した体制が得られていないことが示された。現状の改善に向けて，現在実践されている連携状況を保険診療として適正に評価することが必要である。また，連携する両者のコスト軽減と連携の効率化向上のために，知識を共有するための機会や各領域に通じる専門性をもったコーディネーターの育成も必要と考えられた。以上を踏まえて，最後に提言をまとめる。

（1）福祉関連施設における医療は必要であり，その充実化が求められている。
（2）福祉関連施設における医療の充実化には以下が必要。
　①福祉関連施設における医療行為の範囲，責任の明確化
　②福祉関連施設における医療に関わる人的体制整備，知識技能の維持・向上
　③福祉関連施設において医療行為を可能とする施設設備の整備
　④福祉の中の医療に関する医学教育・医師臨床研修の義務化や専門研修の拡充
　⑤医療・福祉連携の診療報酬化等の施策面での対応
　⑥専門コーディネーター育成等による医療・福祉連携の効率化

第 3 章

精神科から

田渕賀裕

はじめに

　発達障害支援法が平成 17 年に施行され，精神科医療の現場でも，知的・発達障害者を意識する機会が増している。しかし，知的・発達障害者をめぐる一般精神科医療は，この 10 年で大きく変わっていない。それでも障害者手帳，障害者年金のための診断書の様式が変わり，発達障害支援センターなどの専門機関との連携が始まっている。そして就労支援という視点では，知的・発達障害者，特に高機能自閉症スペクトラム障害者に対する就労支援の環境は改善している。しかし，一般精神科医療の中で，治療の質や量が大きく改善しているかといえば，そのような実感は持てないのが現状である。

　「平成 17 年度，平成 18 年度の医療機関への調査」（市川，2008）によれば，①発達障害の診療は多く（6〜7 割）の機関で行われているが，TEACCH (Treatment and Education of Autistic and related Communication handicapped Children：自閉症及び関連するコミュニケーションに障害をもつ子どもたちのための治療と教育) や ABA (Applied Behavior Analysis：応用行動分析学) といった行動療法的治療プログラムは 5％程度しか実施されていない。②知的・発達障害者が長期入院となっている。③退院促進のための地域移行での受け入れ先の支援が不足している。という課題が示された。

　その後，「平成 21 年度の日本精神科病院協会への全国調査」（田渕，2010）

では，①全精神科入院患者のうち，2年以上の長期入院している知的・発達障害者の割合が，4.2％も存在する。②このうち必ずしも入院医療を必要としない割合が，35.6％であったことから，いわゆる社会的入院といわれている群の中に，知的・発達障害者が数多く存在し，精神科病院が施設化している。③入院治療が必要な群では，行動障害が多くの割合（67.2％（重複可））を占めている，という課題が示された。また，発達障害専門治療を充実させることや，受け入れ先のグループホームや施設への医療や強度行動障害の専門支援の充実を図ることができれば，長期在院知的・発達障害患者の退院が促進できると指摘している。

その後，「平成27～29年度の医療的管理下における介護及び日常的な世話が必要な行動障害を有する者の実態に関する研究」（市川・他，2018）では，一般精神科医療の中の知的・発達障害の調査の中で，①平成21年度との比較において，一般精神科での退院促進の流れに合わせて，知的・発達障害者の退院促進も進んでいる。②知的・発達障害の入院治療について，日本精神科病院協会群，国立病院機構群および全国児童青年精神科医療施設協議会群との3群比較を行い，3群とも発達障害の診療を行っている割合は高いが，その診療内容では，薬物療法，カウンセリングに著しい差は認めなかったが，TEACCHやABAなど（他の行動療法含む）については，日本精神科病院協会群が著しく少ない，ということが示された。

これらの研究を踏まえて，今後の知的・発達障害者への精神科医療や精神科医の役割について，検討したい。

I 知的・発達障害者の入院治療の必要性と精神科病院の施設化の問題

1. 知的・発達障害者に対する入院の適応とは

知的・発達障害患者の入院治療のニーズについて検討する。「平成21年度の日本精神科病院協会への全国調査」（田渕，2010）では，知的・発達障害者の医療上入院が必要である症状については，行動障害（激しいこだわり，食事関係の強い障害，激しい騒がしさ，排泄関係の強い障害，著しい多動・

飛び出しなど）が挙げられ，67.2％（重複可）を占めていた。このような行動障害に対して，必要な治療としては，隔離・拘束などの行動制限，薬物療法，TEACCH や ABA などの行動療法的アプローチである。また，医療上入院が必要な精神症状（幻覚妄想，てんかん，気分障害など）は，27.3％（重複可）であった。これらの症状については，薬物療法の調整が欠かせない。このような行動障害，精神症状に対して，隔離・拘束などの行動制限が必要であるか，あるいは集約的な治療（薬物調整を含む）が必要な場合が，入院治療の適応であろう。そして，入院治療で有効な知的・発達障害者に対する治療が施され，治療終了後は地域で生活することが求められている。

2．精神科病院の施設化と知的・発達障害者の退院促進

「平成 21 年度の日本精神科病院協会への全国調査」（田渕・他，2010）では，①全精神科入院患者のうち，2 年以上の長期入院している知的・発達障害者の割合が，4.2％も存在する。②このうち必ずしも入院医療を必要としない割合が，35.6％であったことから，いわゆる社会的入院といわれている群の中に，知的・発達障害者が数多く存在し，精神科病院が施設化している，という課題が示された。しかし，その後の「平成 28 年度の日本精神科病院協会への全国調査の比較」（田渕，2018）で，2 年以上の長期在院知的・発達障害入院患者の割合は，全精神科入院患者のうち，平成 21 年度の 4.2％から平成 27 年度では 2.8％へと減少していた。さらに，より長期の入院患者の割合が減少しており，医療上治療を必ずしも必要としない割合は，平成 21 年度の 35.6％から，平成 27 年度は 25.1％へとそれぞれの指標で望ましい改善を示していた。これらは，厚生労働省が進めてきた「精神障害者地域移行・地域定着支援事業」（厚生労働省 HPa）の流れの恩恵と考えられる。「退院困難患者の問題行動調査」（藤原・他，2014）や，「処遇困難な発達障害のある統合失調症患者の退院支援」（富本・他，2010）の中で述べられている問題行動の評価や，多職種による患者中心の退院支援の考え方は，そのまま知的・発達障害者の退院促進にも役立つであろう。

しかし，さらなる知的・発達障害者の長期入院の退院促進を進めていくには，より専門的な医療を，知的・発達障害者が受けられるような仕組へ転換

していかなければならない。「行動障害を持つ重度・最重度精神遅滞者（児）の入院経路」（會田・他，2011）では，知的・発達障害者へのニーズとして①発達年齢に応じた専門医療・療育，②情動・行動障害への精神科医療，③身体合併症に対する医療が必要であると述べられている。また一般精神科でも，知的・発達障害者への専門的医療の対応の向上が求められているとともに，一般精神科と，専門病院や病棟との連携を行うことが必要であるとも述べられている。

地域での知的・発達障害者に対する支援に目を向ければ，一般精神科病院でも「長期在院者の退院促進・地域移行—10年間の取り組み」（宮田・他，2013）で，精神障害者向け居住施設や知的障害者向け居住施設などの受け皿の確保がまずは重要であり，そのうえで，地域で本人が孤立しないための見守りが必ず必要だと述べられている。強度行動障害を持つ知的・発達障害者の退院支援については，「強度の行動障害を伴う自閉症の人たちの地域移行」（真鍋，2009）で，行動上の問題の低減と自立のための支援方法を総合的に結集して提供するとある。これら支援方法は，「強度行動障害支援者養成研修」（のぞみの園，2014）などで，福祉の現場を中心に広まりつつある。今後は一般精神科医が，地域で生活する知的・発達障害者の生活上の助言を与えられる立場になることが求められていると考える。

II　知的・発達障害者への入院治療における行動制限

1．行動制限の現状

「精神保健福祉資料」（厚生労働省HPb）によれば，精神医療の中で，行動制限施行患者数は，増加の一途を辿っており，特に身体的拘束患者数は，平成15年度の5,109人から，平成24年度の9,695人と，約1.9倍に増加している。「平成27〜29年度の医療的管理下における介護及び日常的な世話が必要な行動障害を有する者の実態に関する研究」（市川・他，2018）では，行動制限の必要性の調査で，隔離拘束がほとんど必要である割合は，日本精神科病院協会群10.6％，全国児童青年精神科医療施設協議会群25.3％，に比べて，国立病院機構群69.4％が高い割合となった。ほとんど必要であるといっ

ても，夜間の飛び出しや転倒に備えて，安全管理的な意味合いで，隔離または拘束を必要としている場合も多く含まれていると考えられるが，総じて国立病院機構群では，行動制限が必要な発達障害患者をより多く治療しているということが推察される。「長期拘束となる事例」（柳沢・他，2014）では，行動制限の対象となる患者を，Ⅰ群：幻覚妄想状態，躁状態，うつ状態など，Ⅱ群：認知症や身体合併症などの医療安全的な観点，Ⅲ群：慢性統合失調症，水中毒，知的障害，発達障害などに分類しており，Ⅱ群，Ⅲ群での治療反応性が低いと報告している。Ⅲ群のなかの知的・発達障害者に対しては，専門的な治療的関わりがなされなければ，治療反応性が低いのは当然と考えられる。

　治療の手段がないまま，ほかに管理する方法がないからという理由で，身体拘束などの行動制限が長期化するなら，「障害者権利条約」や平成28年に施行された「障害者差別解消法」の理念に反するであろう。

Ⅲ　知的・発達障害者への薬物療法

　知的・発達障害者に対する薬物療法の寄与する割合は少ない。また，さまざまな精神症状・行動障害に対して用いられている薬物療法は，適応外使用となってしまうことも多い。「強度行動障害の医学的背景と薬物療法に関する検討」（田中・他，2006）のなかで，抗てんかん薬，抗精神病薬，抗うつ薬の使用が多いとの報告がなされているものの，いまだ薬物療法に対するエビデンスの集約は発展途上である。また，「強度行動障害の再検討その2」（杉山・他，2010）で，強度行動障害の成因としてトラウマの介在やチック症および気分障害の併存について述べられている。このように，今後病態の解明が進むにつれ，それに伴い薬物療法の選択肢も増えていくものと予想される。

Ⅳ　知的・発達障害者への行動療法・行動療法的アプローチ

1．精神科入院治療での行動療法的アプローチ

　「平成28年度の研究」（市川・他，2018）で，薬物療法，カウンセリング

に著しい差は認めなかったが，TEACCH や ABA など（他の行動療法含む）については，全国児童青年精神科医療施設協議会群の有り 71.4%，国立病院機構群の有り 50.0% に比べて，日本精神科病院協会群の有り 1.5% と著しく少なかった。

「強度行動障害の治療」（井上，2016）で，行動障害に対する効果的な治療手法として，行動分析学をベースとした機能分析的アプローチが推奨されている。また，近年の研究で，問題行動に関して低減させるだけではなく，ライフスタイルの改善に向けたポジティブな介入手続きを使用し，個人を尊重した方向へ向かっているということが紹介されている。

2．外来（施設入所含む）での行動療法的アプローチ

「精神科医療に期待すること，改善してほしいことアンケート」（今井，2017）で，成人対象精神科医にかかっているケースの中に「精神科医には，公的書類を書いてもらう役割しか期待していない」，「生活上の助言をくれる先生は少数」などの意見が寄せられている。一般精神科外来診療において，多くの時間を割いて，生活上の問題点を把握し，TEACCH 理論に基づく構造化について助言したり，行動分析的アプローチを行い，家族や支援者への助言を行うことは極めて困難である。

しかし，入所施設の場合では，嘱託医として，入所施設の生活環境を見ることができれば，施設スタッフとともに，計画，治療（関わり），評価というサイクルを実践することができる。また，福祉の現場では，支援方法について，支援者の養成講座が開催されており，福祉職員の支援技術の研修と精神科医による行動療法的アプローチを融合させることができれば，入所施設での行動療法的アプローチの実践は可能である。

V 他科との連携について

「平成 17 年度の研究」（市川・他，2008），「平成 21 年度の研究」（田渕，2010），「平成 27 〜 29 年度の研究」（市川・他，2018）それぞれにおいて，身体科との連携において，連携先が決まっておらず受診する病院を見つける

のに苦労する，知的・発達障害者という理由で診療を拒否される，本人の同意が取れないという理由で手術を実施してもらえない，などの悲痛な声が挙がっている。このことは，退院を不安に考える家族の理由の一つにも関連している。つまり，いったん病院を退院してしまうと，家族の力で他科の通院先を見つけることが困難となるからである。

　精神科以外の病院や診療所において，知的・発達障害者の診療を行うことは敬遠されてしまいがちである。「イギリスでの医療受診支援」(堀江・他, 2016) では，家庭医にその地域の知的障害や ASD を持つ人が登録され，一次医療のみならず，二次医療受診の際に，知的障害者に対する支援のトレーニングを受けた家庭医や看護師が，医療受診の支援を行う仕組みとなっているとのことである。

　「小児科外来でのプレパレーション」(井上・他, 2017) では，発達障害児へのプレパレーションの研究を行い，効果的であったと報告している。知的・発達障害者が，他科医療機関を受診する場合に，そのようなツールを利用するなどの支援システムの構築を進めていかなければならない。

VI　一般精神科医が知的・発達障害者への治療技術を習得するということ

　現在，知的・発達障害者の臨床技術を学ぶためには，知的・発達障害者の臨床を専門的に行っている職場で臨床経験を積むか，行動療法の研修を受けるなどの方法があるが，自ら目的意識をもって進まない限り習得できない。精神保健指定医，精神科専門医で，その知識が問われることになれば，一般精神科医も精神科医臨床の中の標準的な知識として，習得することになるであろう。各医師養成機関である大学に，児童精神科や発達診療科が，講座をもつような流れになっているので，そのような流れを目指していかなければならないと考える。

　また，近年注意欠陥多動性障害に対する適応薬が認可される流れの中で，発達障害に対する勉強会の機会が提供され，その関心は高まっている。単なる治療薬情報のアップデートにとどまらず，発達心理学や行動療法的アプ

ローチの技法習得の場になることを期待したい。

Ⅶ 知的・発達障害者への精神科医療の問題点

　ここまで述べてきた問題点を列挙すると，精神科病院に多くの知的・発達障害者が入院している。一般精神科臨床の中で，知的・発達障害者に対する標準的な治療が施されていない。地域移行を促進させるためには，知的・発達障害者にたいして，適切な配慮や支援ができる人材の養成が，医療，福祉の分野で求められている。

おわりに

　「英国国民保険サービス（NHS）HP」によると，イギリスでは，1988年に平均35万人いたとされる精神科病院に入院している知的・発達障害者の数を，2014年までに，約3万5,000人までに減少させることに成功した。そしてさらなる地域移行を果たすために，全国規模のデータベースを構築し，その地域移行のための研究，施策を推進している。

　今後は，「公認心理師」という国家資格制度を発端に，行動療法の担い手として，心理職の活躍にも期待したい。また，CBT（Cognitive Behavioral Therapy：認知行動療法）に見られるように，保険診療の点数として加算される形で，行動療法的なアプローチが可能になることが望まれる。一般精神科医が，知的・発達障害者に対する標準的な治療技術を習得し，入院，外来，入所施設での嘱託医として，知的・発達障害者への医療的支援の指導的役割を担うようになることが望ましい。このためには，精神科医療全般の中での知的・発達障害の位置づけを見直し，大学での医師養成カリキュラムに知的・発達障害領域を盛り込むことに始まり，精神保健指定医，各種学会専門医制度の養成課程で，知的・発達障害に対する知識と技術の習得に力点が注がれるような方向性を目指すべきではないかと考える。

参考文献

會田千重, 他（2011）行動障害を持つ重度・最重度精神遅滞者（児）の入院経路. 日本重症心身障害学会誌, 36（3）; 423-432.

独立行政法人国立重度知的障害者総合施設のぞみの園（2014）強度行動障害支援者養成研修【基礎研修】.

英国国民保険サービス（NHS）HP：WWW>ENGLAND>NHS>UK/LEARNINGDISABLITIES［2018 年閲覧］

藤原友子, 他（2014）山梨県立北病院における退院困難患者の問題行動調査. 病院・地域精神医学, 56（2）; 44-47.

堀江まゆみ・田中恭子・市川宏伸（2016）厚生労働科学研究費「医療的管理下における介護及び日常的な世話が必要な行動障害を有する者の実態に関する研究：イギリスにおける知的障害のある人への健康維持および医療受診支援に関する調査」平成 27 年度分担研究報告書.

市川宏伸, 他（2008）厚生労働科学研究費「発達障害（広汎性発達障害, ADHD, LD 等）に係わる実態把握と効果的な発達支援手法の開発に関する研究」平成 17 ～ 19 年度　総合研究報告書.

今井忠（2017）東京都自閉症協会「精神科医療に期待すること, 改善してほしいことアンケート」

井上雅彦（2016）強度行動障害の治療. 発達障害医学の進歩, 28; 80-90.

井上菜穂・井上雅彦・市川宏伸（2017）厚生労働科学研究費「医療的管理下における介護及び日常的な世話が必要な行動障害を有する者の実態に関する研究：小児科外来での発達障害児へのプレパレーションの効果に関する研究」平成 27 年度分担研究報告書.

厚生労働省 HPa：精神障害者地域移行・地域定着支援事業.［2018 年閲覧］

厚生労働省 HPb：精神保健福祉資料.［2018 年閲覧］

真鍋龍司（2009）強度の行動障害を伴う自閉症の人たちの地域移行. 発達障害研究, 31（5）; 384-399.

富本忠男, 他（2010）処遇困難な発達障害のある統合失調症患者の退院支援. 沖縄県看護研究学会集録, 25 回; 119-122.

宮田量治, 他（2013）山梨県北病院における長期在院者の退院促進・地域移行── 10 年間の取り組みについて. 日社精医誌, 22（4）; 531-538.

杉山登志郎, 他（2010）強度行動障害の再検討その 2　厚労科学研究における強度行動障害研究の再検討. 小児の精神と神経, 50（3）; 247-257.

田渕賀裕・市川宏伸・井上雅彦（2010）厚生労働科学研究費「長期在院精神遅滞患者と強度行動障害」平成 21 年度分担研究報告書.

田渕賀裕・市川宏伸（2018）厚生労働科学研究費「医療的管理下における介護及び日常的な世話が必要な行動障害を有する者の実態に関する研究」平成 27 ～ 29

年度総括・分担研究報告書.
田中恭子・會田千重, 他 (2006) 強度行動障害の医学的背景と薬物治療に関する検討. 脳と発達, 38 (1) ; 19-24.
柳澤雄太, 他 (2014) 長期拘束となる事例. 精神科治療学, 29 (9) ; 1161-1167.

第 4 章

強度行動障害を対象として 1

會田千重

はじめに
―― 医療の中での強度行動障害対策と，国立病院機構の特色

「強度行動障害」とは福祉・行政分野から提唱された概念であり，それ自体が指すものは医学的診断名ではなく状態像である。直接的他害や間接的他害（睡眠の乱れ，同一性の保持たとえば場所・プログラム・人へのこだわり，多動，うなり，飛び出し，器物破損など）や自傷行為などが，通常考えられない頻度と形式で出現し，その養育環境では著しく処遇困難な者をいい，行動的に定義される群である（行動障害児（者）研究会，1989）。強度行動障害を呈する者は，医学的な診断基準では多くが重度知的障害と自閉スペクトラム症の合併と言われている（厚生労働省，2013）。また強度行動障害の概念は，入所・通所系での福祉サービスや加算に「強度行動障害判定基準表」や「行動関連項目」を用いて反映され，2013 年に開始された福祉領域での「強度行動障害支援者養成研修」は支援加算の要件になっている。

一方，医療における強度行動障害対策は，国立病院機構や公法人立のいわゆる旧「動く重症心身障害病棟」での児（者）への対応，医療機関に併設した旧「第一種自閉症児施設」（現「医療型障害児入所施設」）での児への対応，各地域の精神科病棟での主に成人患者への対応，が統合されることなくそれぞれ行われてきたと思われる。

重症心身障害医療の中では，「動く重症心身障害児（者）（以下動く重症児（者））」という，「重度の身体障害はないが，重度・最重度知的障害があり，かつ動けるために在宅や施設での対応が難しい」患者に対し，公法人立施設では1960年代から，国立病院機構では1970年代から治療してきた歴史がある（中島，1998；細渕，2005）。「動く重症児（者）」とは，現在の支援体制で言えば，①生活支援が中心の重度・最重度知的障害児（者），②強度行動障害を伴う重度・最重度知的障害児（者）（多くは自閉スペクトラム症合併），③身体疾患に対する医療的ケアが必要な重度・最重度知的障害児（者）が混在した概念で，ここに強度行動障害を伴う患者が含まれてきたのである。国立病院機構では，精神科病院9施設の専門病棟（現在合計約700床）のうち約60％が「強度行動障害判定基準表」10点以上の「強度行動障害」にあたり（會田・他，2015），上記の中でも特に②の強度行動障害を伴う重度・最重度知的障害児（者）が多い。国立病院機構の旧「動く重症心身障害病棟」は，現在は「療養介護」または「医療型障害児入所支援」事業所であり，医療と福祉両方の機能を持ち，従来の長期入所病棟から積極的な地域移行に向けた役割を求められるようになっている。

　強度行動障害に対する医療の現状として，重症心身障害医療の枠組みでは，公法人立施設が主に医療的ケアを要する動く重症児（者）に特化した対応へとシフトしていると思われ，一方，国立病院機構はさらに強度行動障害に特化した対応を目指している。旧自閉症児施設では成人以降の受け皿が見つからず，周辺の精神科病院に患者が入院している現状もあり，また各地域の精神科病院の強度行動障害を伴う患者への対応は大きなばらつきがある。高齢化した患者への対応も定まっていない。

　上記のような現状を考えるとき，強度行動障害を伴う知的・発達障害に対する医療の均てん化，医療と福祉のますますの連携が今後必要である。本章では，国立病院機構肥前精神医療センターでのいくつかの調査報告を交えながら，強度行動障害に必要とされる医療はどのようなものかを述べてみたい。

I 強度行動障害に対する地域での医療拠点として
（災害支援や研修機関の役割も含む）

　顕著な強度行動障害ゆえに福祉サービスの受け皿が無い場合，家族が自宅のみで対応することになり，患者・家族双方の生命リスクが高い。特に失明するほどの激しい自傷や緊急対応を要するような異食の頻発，相手が大きな外傷を負いかねない他傷などがある場合は福祉サービスでの対応も非常に困難である。このような患者・家族の生命リスク回避や緊急介入・避難先として，地域での強度行動障害支援の拠点となる医療機関が必要である。

　国立病院機構の専門病棟（「療養介護」または「医療型障害児入所支援」を行う病棟）は，重度知的障害や自閉スペクトラム症の患者に対し，さまざまなリスクが少ないように配慮された環境で，多職種チームによる治療を行っている。現行の福祉施設やその他の福祉サービスでは十分対応できない強度行動障害が顕著な事例，行動障害と医療的ケアの必要性を併せ持つ事例などの相談や入院が可能である。また平常時は福祉サービスを利用して何とか自宅生活ができている学齢児や若年の強度行動障害を伴う患者の，長期学校休業中のレスパイト的な短期入院も行っている。放課後等デイサービスや数日の短期入所利用は可能であっても，それが数週間になると，複数の福祉事業所を組み合わせても対応困難という事例がしばしばある。

　肥前精神医療センターの専門病棟（「療養介護」または「医療型障害児入所支援」を行う病棟）は，二病棟各50床で，約100名の長期・短期入院患者の治療を行っている。その病棟で，平成26年3月〜平成28年4月の26カ月間に短期入院した全患者のカルテによる後方視的観察を行った結果を示す。該当期間中10名（男女5名ずつ）が計27回入院しており，知的障害の程度は最重度4名・重度5名・中等度1名，平均入院時年齢は 20.4 ± 6.3 歳（13〜34歳）で18歳未満が14回と51.9%を占めていた。平均強度行動障害スコアは 28.6 ± 8.5 点（10〜37点），平均入院日数は 45.3 ± 35.7 日（7〜117日）であった。入院前の帰住先は，在宅8名，グループホーム（以下GH）利用1名，精神科病院入退院反復1名，であった。合計27回の入院を目的別に分類す

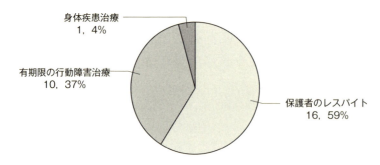

図 4-1　平成 26 年 3 月～平成 28 年 4 月の短期入院分類　n=27（延べ数）

ると，保護者のレスパイト 16 回（行動障害が原因で学校休業中等の福祉サービスでの受け皿がない，うち 3 回は肥満治療も含む），有期限の行動障害治療 10 回，身体疾患治療 1 回であった（図 4-1）。保護者のレスパイト目的の入院では複数回入院する患者もいるが，徐々に病棟環境に慣れ，ホールオープンや余暇活動などが可能になる。そして患者・家族とも落ち着いた状態で，特別支援学校の新学期に備えること等が可能になる。

　また近年各地で発生している震災時の状況を見ると，強度行動障害を伴う知的・発達障害児（者）は災害弱者（要配慮者）であり，対応できる医療機関も限られると思われる。強度行動障害に対する災害支援の地域の拠点として，医療機関の果たす役割は大きいと考えられるが，まだ全国的に整備が進んでいない状況である。

　肥前精神医療センターでは，平成 28 年 4 月～ 10 月，熊本地震の被災者 11 名を国立病院機構菊池病院から受け入れ治療を行った。全員が重度・最重度知的障害と強度行動障害を有し，自閉スペクトラム症の特性も併せ持つため，地震で半倒壊した病棟から療育棟などの広く構造化されていない空間に移っての集団生活が非常に困難な患者であった。そのような患者に，強度行動障害対応に慣れたスタッフが，さまざまな日中活動・余暇活動を提供しながら過ごす経験ができたことは，双方にとって非常に有意義であったと考える（吉岡，2018）。

　地域で強度行動障害の医療拠点を整備していくにあたっては，スタッフ教

育が大きな役割を果たすことを重視し（Ida et al, 2013），強度行動障害に関する知識の共有や治療の均てん化を目指した独自の研修も行っていく必要がある。強度行動障害を伴う知的・発達障害児（者）に対しては，薬物療法は補助的なものであり，あくまでも環境調整や心理社会的介入（障害特性に応じた非薬物療法を含む）が第一選択となる。自閉スペクトラム症におけるChallenging Behavior（対応を要する行動上の問題）に対しては英国のガイドラインでも環境調整や心理社会的介入が推奨されているが（NICE (National Institute for Health and Care Excellence) guideline, 2012, 2013），それを病院で主に実践するのは，看護師を中心とした多職種のスタッフである。行動療法（特に応用行動分析）の効果についてのランダム化比較試験による先行研究では，行動障害のある患者への介入によって，介護者の負担の軽減と地域社会への参加の増加も報告されている（Hassiotis et al, 2012）。

　国立病院機構本部および肥前精神医療センターでは，平成27年度より医療職を対象とした「強度行動障害医療研修」「強度行動障害を伴う発達障害医療研修」を年1回ずつ実施し，平成30年9月時点で計421名が修了した。研修内容は強度行動障害を伴う患者への一般的な薬物療法・身体合併症治療の講義に加え，非薬物療法の普及に重点を置いている。多職種による講義，外部福祉分野講師による講演，行動療法やTEACCH®自閉症プログラム（Schopler, 2000）の構造化の概念を利用したグループワークを含む。平成30年の同研修には医師も19名参加し，国立病院機構榊原病院一般精神科病棟での短期治療に関する講義もなされた。その中で，一般精神科病棟で強度行動障害を伴う患者の治療をすることの難しさや，専門知識を持って対応することの効果を共有できたのではないかと思われる。

II　強度行動障害のため処遇困難となった事例の，福祉施設移行前の中間施設として

　田渕ら（2018）の報告にあるように，全国201施設の精神科病院で長期在院発達障害患者は2.8％（975名）にのぼり，うち「行動障害を含む精神症状により治療が必要」とされる者が593名であった。田渕らの報告の全国精

神科病院に対する回収率を考えると，実際はより多くの事例があると思われる。行動障害を伴う知的・発達障害患者は，一般の精神科病棟では，その障害特性の違いや集団適応のしにくさから，保護室や拘束下から集団内への行動拡大が難しい事例が多い。また，保護室等の余暇活動が提供されにくい環境でかえって不調になり，それがさらに長期の行動制限につながる患者もいる。そのため，いつまでも「精神科病棟で行動制限下でしか対応できない患者」と見なされてしまう恐れもある。なぜなら福祉施設は行動制限を行わないで支援員が利用者を見守り・付き添い，おおむね小規模であっても集団内で過ごす環境だからである。しかし，現在は強度行動障害を伴う利用者に対し個別対応のできるGHも少しずつ増えている。

　肥前精神医療センター専門病棟（「療養介護」または「医療型障害児入所支援」を行う病棟）での平成26年3月～平成30年3月の移行支援例を分析した。この間，長期入院例では知的障害児施設へ1名，GHへ1名，短期入院処遇困難例（在宅で対応困難・複数回の短期入院）では知的障害者施設へ1名，GHへ1名，移行できていた。短期・長期入院患者とも，医療的管理下で発達段階や自閉スペクトラム症などの特性に応じた支援を多職種で行った（医師・看護師・心理療法士・療養介助職・保育士・児童指導員・作業療法士・言語聴覚士・理学療法士・特別支援学校訪問部教諭など）。移行支援に際しては，入院時の保護者への説明として「状態が改善すれば福祉施設へ移行する方針」を必ず伝え，入院中も行動援護や，いったん退院して短期入所を試行するなど，併用・利用できる福祉サービスを受けてもらい，将来的に福祉施設や地域での生活ができやすいよう配慮した。モデルケースとして，移行先のGHと病院スタッフ・応用行動分析専門家の三者でのSKYPEミーティング（ICT～情報通信技術～を活用した移行支援）も院内倫理審査委員会承認の上，行っている。

　肥前精神医療センターでは，一般精神科病院からの長期保護室隔離・拘束事例の受け入れも積極的に行っている。平成26年4月以降転院要請のあった患者は，男性5名，平均年齢26.4±6.8歳（19～37歳），全例が重度・最重度知的障害と自閉スペクトラム症の合併例であった。パニックや不穏・失明リスクのある顔面自傷・他傷・施設外への頻回の飛び出しなどの行動障

害を呈し，行動の機能分析では「物や活動の要求」「回避」「自己刺激」「内在する精神病症状によるもの」などさまざまであった。感覚プロファイル短縮版による評価を行った2例では，「低反応・感覚探求」「味覚・触覚過敏性」「視覚・聴覚過敏性」「動きへの過敏性」「聴覚フィルタリング」など複数で高い数値が見られた。各症例に対し，行動療法やTEACCH®自閉症プログラムの概念による構造化等を利用し，適応的に行える余暇活動や自立課題の導入，環境調整などにより行動障害の軽減を図った。結果として，前医で17年以上24時間保護室隔離であった患者が，入院後1年あまりで部分オープンや行事参加が可能になり，同じく4年以上ベッド上24時間拘束であった患者が，入院後1年あまりでミトン着用ではあるが部分オープンが可能になり遠足にも参加できた。前医で4年以上24時間保護室隔離であった患者は，入院後1年9カ月の現在，ほぼ終日ホールオープンが可能で集団療育や行事にも参加可能となり，福祉施設への移行を打診している。ただし一般精神科病院に入院歴のある患者は，状態が改善して福祉施設への移行を進める場合でも，「うまく適応できずに，また行先が無くなるのではないか」という保護者の不安が強い事が多いため，不調時の一時的な再入院を保証しておくなどの配慮が必要である。

III　重点的医療が必要な強度行動障害や，身体疾患に対する医療的ケアが必要な重度・最重度知的障害児（者）の長期入院対応

　些細な刺激に反応して失明するほどの激しい自傷や生命リスクに関わる行動障害が出現する事例，精神疾患と強度行動障害を合併している症例などでは，ある程度の長期入院も必要と考える。実際に当院にも，「顔面自傷がひどく，知的障害児施設で職員が常に手を握り自傷防止していたが，視力が落ち失明の恐れがある」「精神科病棟で衣類・寝具・電池・スプーンなどを異食してしまい，保護室から一時もオープンできない」といった主訴で他施設や他病院からの患者が長期入院している。このような事例に対し，月単位・年単位の緩徐なスピードではあるが，本人の特性に応じた日中活動を増やし

ながら多職種で関わり，少しずつ拘束・隔離時間を減らす，行動障害が出現しない時間を増やすといった治療・支援を行っている。適切な手順で検討された行動制限や抗精神病薬等による薬物療法も行っているが，行動制限が虐待と捉えられかねない昨今，今後は多職種チームによる非薬物療法を推進し，行動制限の減少や薬物療法の適正化を目指している。多剤・大量・長期処方の是正など薬物療法の適正化は，抗精神病薬による短期・長期的な副作用（イレウスや不整脈，糖尿病等のリスク）を減らすためにも，早急に行うべき課題である（會田・他，2015）。

また，行動障害を持つ患者でも短期的な医療的ケアが必要な事例（外傷や感染症など）に加え，長期的な医療的ケアが必要な事例が存在する（胃瘻造設例や人工透析例，反復するイレウスや呼吸器感染症を合併し急変リスクが常に高いなど）。先行調査では，皮膚疾患や外傷，消化器疾患，口腔疾患などが多く，強度行動障害の誘因として身体不調が関連することがあると思われ，注意を要する（會田・他，2008, 2011）。強度行動障害に対する医療として，発達段階や障害特性に応じた専門医療，副作用に留意した適正な薬物療法に加え，身体合併症に関しても早期発見・治療により重症化を防ぎ，長期的な医療的ケアの必要性が増えないよう留意すべきである。

Ⅳ　まとめ

強度行動障害を伴う知的・発達障害児（者）に対する医療に今後必要なこととして，①研修等による知識や対応の均てん化，②福祉の現状を把握し医療ができることを提供すること（緊急避難やレスパイト，顕著な強度行動障害事例や医療的ケアを要する事例への対応），③一つの医療機関と一つの福祉事業所でのやり取りでなく，地域でネットワークを作り「それぞれが可能な対応」を持ち寄ること，などが挙げられる。

福祉分野での強度行動障害支援者養成研修は確実にその受講者を増やし，新卒の入職者が「強度行動障害」「応用行動分析」「構造化」などの言葉を当たり前のように聞くことができる。しかし，福祉分野のみで強度行動障害に対応するのは難しく，当院のような国立病院機構の専門病棟や各地域の精神

科病院で外来・入院治療を行っている例が多い。医療機関では，特に専門病棟ではない一般精神科病棟で看護師や医師の戸惑いが大きいのではないかと思われる。強度行動障害に対応する医療機関が専門研修等を通じてサービスの均てん化を図ることが重要である。かつ医療・福祉・その他の専門機関を含んだ強度行動障害の実際的なネットワークが機能して初めて，医療と福祉のギャップが少しでも縮まり，患者が必要なときだけ医療機関を利用し，また地域へ帰るという，本当の意味での「地域移行」が実現できると考える。そしてそのネットワークは「強度行動障害」という難しい状態に対応する支援者同士も支えるものになり得る。

　また現在は，薬物療法と行動制限に頼ってきた医療機関の「非薬物療法」を充実させる転換期であると考える。患者・家族双方の生命リスクを回避できるという意味では，精神科病棟の構造や医師の関与，薬物療法による補助的な鎮静，命を守るための最小限の行動制限は精神科医療の強みである。ただしそれらを漫然と継続するのではなく，緊急的なリスク回避ができた時点で，専門医療の観点から先を見越した生活支援を導入し，福祉サービスに移行するための準備を行う必要がある。そのためには行動援護や短期入所の試行，環境調整などを入院中から行う必要がある。子どもの発達障害では基本的な事と重視されているはずの構造化・視覚的支援や行動療法・応用行動分析を大人でも行うことが求められている。そのためには医療者の啓発のための専門研修や医学部・看護学校等での専門講義，行動障害に対する「専門医療」（行動療法など）への診療報酬の保障が望まれる（現在の「強度行動障害入院医療管理加算」は厳密な要件を満たした患者で，施設基準として旧重症心身障害病棟と児童思春期加算を取得する病棟でのみ算定できる）。

おわりに

　強度行動障害を伴う知的・発達障害児（者）は，当然ながら常に行動障害を呈しているのではない。私たちと同じく日々の生活を送りながら，特定の場面や環境で行動障害を呈しているのである。そしてその行動障害は本人の障害特性と環境・状況因の組み合わせで引き起こされる。それぞれの患者の

障害特性を見極め，適切な環境調整や治療・支援ができるよう多職種で知恵を出し合うことで，行動障害が著しく減少する場面に時々遭遇する。その姿を見ると，医療にまだまだできることがあるのではないかといつも考えさせられる思いである。

（症例のデータ収集・報告に関しては，患者本人の同意が困難なため，保護者や成年後見人に文書で説明し口頭で同意を得ている）

文　献

會田千重・瀬口康昌・平野誠（2008）行動障害を持つ重度・最重度精神遅滞児（者）の死因，合併症による転院，院内内科との連携．児童青年精神医学とその近接領域，49；519-530.

會田千重・瀬口康昌・平野誠，他（2011）「強度行動障害を持つ重度精神遅滞児（者）の医療度判定基準」の作成と実態調査．児童青年精神医学とその近接領域，52；609-623.

會田千重・中山政弘・平野誠，他（2015）行動障害を有する重度・最重度精神遅滞児（者）に対する向精神薬の使用状況．児童青年精神医学とその近接領域，56；114-129.

Hassiotis, A., Robotham, D., Canagasabey, A., et al. (2012)：Brief report：Impact of applied behavior analysis（ABA）on carer burden and community participation in challenging behavior：results from a randomized controlled trial. J Intellect Disabil Res., 56（3）；285-290.

細渕富夫（2005）「強度行動障害」と「動く重症児」問題．障害者問題研究，33；2-9.

Ida, M. Kato, M., Inoue, M., et al (2013) The Effects of Staff Training Program for Individual with Severe Behavioral Disorders (2)：Analysis of the Factors about Improvement of Behavioral Problems. The 4th Asian Cognitive Behavior Therapy Conference (50p).

井上雅彦（2014）行動療法．精神科治療学，29（増刊号）；283-287.

強度行動障害支援者養成研修【基礎研修】受講者用テキスト（2014）独立行政法人国立重度知的障害者総合施設のぞみの園．

全国地域生活支援ネットワーク（2018）強度行動障害支援者養成研修「基礎研修・実践研修」テキスト．行動障害のある人の「暮らし」を支える　第3版．中央法規．

行動障害児（者）研究会（キリン記念財団助成研究）（1989）強度行動障害児（者）の行動改善および処遇のあり方に関する研究Ⅱ．

厚生労働省（2013）強度行動障害リーフレット「強度行動障害がある人　あなた

はどんな人をイメージしていますか？」

中島陽子（1998）動く重症心身障害児．（江草安彦監修）重症心身障害療育マニュアル第2版．pp.39-48．医歯薬出版．

NICE Clinical guideline［CG142］（2012）：Autism spectrum disorder in adults : diagnosis and management.

NICE Clinical guideline［CG170］（2013）：Autism spectrum disorder in under 19s : support and management.

Schopler, E.（2000）International priorities for developing autism services via the TEACCH model. International Journal of Mental Health, 29（1）; 3-21.

社会福祉法人全日本手をつなぐ育成会（2013）平成24年度 厚生労働省障害者総合福祉推進事業「強度行動障害の評価基準等に関する調査について」報告書．

田渕賀裕・會田千重・市川宏伸, 他（2018）発達障害入院患者についての全国アンケート調査〜3群比較〜．第114回日本精神神経学会学術総会．

吉岡美智子（2018）熊本地震における動く重症心身障害児者の転院受け入れの実際と課題．第23回日本災害医学会総会．

第5章

強度行動障害を対象として 2
―― 障害福祉分野における強度行動障害者支援と医療

志賀利一

はじめに

　我が国では，精神保健福祉法の改正に合わせ，長期入院精神障害者の地域生活への移行を促進するさまざまな取り組みが行われている。しかし，平成29年6月30日の630調査では，全国の精神科病院在院患者数28万4,172人のうち61.4％（17万4,472人）が在院期間1年以上であり，「精神障害にも対応した地域包括ケアシステムの構築」「多様な精神疾患等に対応できる医療連携体制の構築」等の充実が求められている（国立精神・神経医療研究センター，2018）。精神科病院には，割合は少ないものの一定数の知的障害児者が入院している。630調査では，精神遅滞（知的障害）は5,905人の在院となっている。また，知的障害者が長期入院に至る要因の一つに，著しい行動障害があげられる（市川・他，2011）。

　精神科病院からの退院促進と同様，入所施設からの地域移行に関しても，地域相談支援としての地域移行や地域定着支援の充実，グループホーム整備や体験利用の促進等，障害福祉サービスの報酬単価と連動した取り組みが行なわれている。一方，規模の削減を迫られている入所施設において，終生保護を前提とした施設から「共生社会実現を目指し，施設入所支援にとどまらず各種障害福祉サービス等の複合的な機能を拡充し，地域生活の拠点としての役割を担っていかなければならない」と考えられている（遠藤，2014）。

さらに，2013年より強度行動障害支援者養成研修が都道府県地域生活支援事業として位置づけられ，強度行動障害者に対する支援は，国・地方自治体にとって重要な施策であり，いくつかの地域では，新しい強度行動障害者支援施策をスタートしている（志賀，2017）。

本章は，行動障害が顕著で，家庭での生活が困難となり，なおかつ地域の障害者支援施設や障害福祉サービス事業所等での受け入れができず，精神科病院に入院していた知的障害に対して，診療所（精神科）を併設する施設入所支援におけるモデル事業の実践事例紹介することで，地方自治体における強度行動障害者支援施策の在り方について考察するものである。

I　モデル事業と対象者

強度行動障害者支援のモデル事業を実施している施設において，2014年度下半期に利用した3人を対象者とし，約3年間の支援記録をまとめる。この施設は，診療所を併設する施設入所支援と生活介護を運営している。参照した記録は，a）個別支援計画に則った生活支援記録，b）薬物療法等の精神科医療の診療記録，c）障害者支援施設内部あるいは関係機関を交えた定例のケース検討会の記録である。3人の対象者の入所時の概要は表5-1のとおりである。

Aは，4歳で虐待を受け右脳挫傷，その後児童相談所，児童養護施設を経過し，特別支援学校高等部を卒業と同時にグループホームに転居し，生活介護事業所に通所していたが，興奮状態による傷害事件を起こし，精神科病院に入院し，その後約4年間複数の病院で入院生活を続けていた。長期間の保護室で入院しており，入院後3年目で自力歩行ができなくなっていた。Bは，幼児期に自閉症の診断を受けるが，中学校で不登校になるまで精神科医療や特別支援教育を受けていない。特別支援学校高等部を卒業後，行動障害対応の困難さゆえ，週5日通える生活介護事業所が見つからず，一対一対応ができる2カ所の通所施設を並行利用していた。しかし，通所先や家庭での状態は安定せず，家庭で母親に重傷を追わせたことで精神科病院に保護入院。約1年間入院。Cは，1歳で認知発達の遅れが指摘され，幼児期より療育・特

表5-1　対象者の概要

ケース	A（31歳・女性）	B（29歳・女性）	C（26歳・男性）
ケース概要	障害支援区分6 重度知的障害，幼児虐待症候群，てんかん 身長140cm，体重55Kg	障害支援区分6 重度知的障害，自閉症，てんかん 身長150cm，体重50Kg	障害支援区分6 最重度知的障害，自閉症，てんかん 身長185cm，体重68Kg
入所前情報	歩行困難（1年間／減薬により歩行可能性あり） 唾を吐く，引っ掻く等の他害行為ならびに暴言が日常的 人とのかかわりを持ちたがり，近くに人の気配がある方が落ち着く	入院当初，入浴・服薬の拒否が強い（現在は弱くなっている）。衣類等のこだわりが強く切り替えが難しい 日中は作業活動に参加できる	睡眠リズムが保てない（不眠状態）。ふらつきによる転倒のリスクが高い 人格が豹変し興奮状態（酩酊状態？）が頻繁にあり，その状況では安全確保以外の対応がとれない こだわりの強い物（雑誌等）への要求が満たされないと，破壊や他害行為に
入所時状況	個室利用・構造化された環境提示。車いす使用（外出時は電動）。入所後1週間は職員による移動。その後は，車いす自走。また，座位が保てずすぐに右に傾く 1カ月後には寮内歩行から寮外での歩行が段階的に可能となる。他者とのトラブル無く，行動上の問題はほとんど生起しない	個室利用・構造化された環境提示 食事時間が毎回1時間を越える 時々興奮・不穏状態になり，職員や他利用者への他害行為がある。一定の時間で落ち着くと，通常の生活に戻る	好みのアイドルの写真等を要求するが，自ら破棄してさらに次の要求を繰り返し，終わりが無い（最終的に他害や破壊行為等） 就寝時の服薬で必ず興奮状態に豹変。他害行為中に転倒も頻回 午前中は朦朧としていることが多い

別支援教育と協力しながら家庭においても積極的に子育てを行っていた。思春期後半より行動障害が顕著になり，特別支援学校高等部後の通所先が確保できず，2カ所の生活介護事業所と行動援護事業所を活用しながら，家庭生活を続けていたが，父親の病気がきっかけで精神科病院に入院，その後2年間，精神科病院と短期入所を交互に使い生活した後，モデル事業の対象者となる。

II 3年間の経過

1. 生活支援

　施設におけるモデル事業は，図 5-1 の 4 つのステージを目安としており，おおむね 3 年以内の退所を目指す事業である。各ステージの移行時期は，ケース単位で異なるものの，大多数は数日単位でステージ 3 に移行している。また，ステージ 4 への移行無しに，モデル事業を終了し，出身地の施設・事業所に移行する場合も少なくない。

　生活支援の基本的な方法論は，TEACCH プログラムに代表される構造化を中心とした支援であり，モデル事業を実施している生活寮では，2005 年より，専門のコンサルテーションを受けながら，構造化を中心とした支援を学び，実践を行ってきた。表 5-2 は，3 人の対象者に対する，生活支援方法（構造化，手順書の変更等）の変更を行った回数を四半期（3 カ月）単位でまとめたものである。おおむね，どの事例も，支援方法の変更・修正を継続的に行っていることがわかる。また，その回数は，入所後第 1 四半期から第 3 四半期に多く，その後は減少傾向にある。

　生活支援方法の変更の代表例としては，物理的構造化（例，居室内の自立課題や日中活動の作業環境の調整，食堂の場所の調整，更衣時のふらつき予防の椅子の導入等），視覚的構造化（例：洗面台の立ち位置の明示），自発コミュニケーション（例：好みの選択や自発的な要求を保証するためのカードの導入），ルーチン（例：日課の区切りを明確にするため自立課題の導入，活動のモチベーションアップのためのトークン），スケジュール（例：視覚的なスケジュールシステム導入），詳細な支援手続きの統一（例：支援手順書の書き換え・掲示方式の変更）等，強度行動障害・自閉症支援の標準的な手続きに準拠している。

　A の支援方法の変更が再び増えている第 10 四半期から第 12 四半期は，図 1 のステージ 4 の段階とその後の地域生活移行予定先での実習による環境変化の時期であり，行動障害の頻度・強度が再び増えている。また B，C の支援方法の変更がやや増えている第 9 四半期は，どちらもステージ 3 の段階で

第5章　強度行動障害を対象として　2

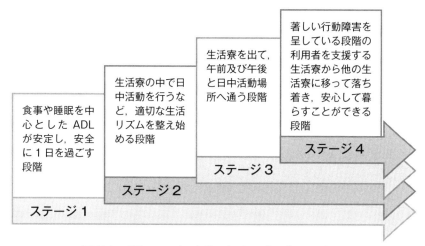

図5-1　施設のモデル事業におけるプログラムの概要

表5-2　四半期単位の生活支援方法の変更回数

四半期＼事例	A	B	C
1	9	5	5
2	6	10	3
3	10	6	2
4	2	1	2
5	4	1	4
6	5	1	1
7	2	2	0
8	3	2	1
9	1	4	4
10	8	3	2
11	6	2	3
12	7	1	3
13	2	1	1
14	1	-	-
合計	66	39	31

表 5-3　3年間の服薬状況（薬物名別）

	A	B	C
入所当初	抗精神 　オランザピン 20mg 抗てんかん 　バルプロ酸ナトリウム 1,200mg 　トピラマート 600mg 　レベチラセタム 1,000mg 抗不安 　ロラゼパム 3mg 抗パーキンソン 　ヒベンズ酸プロメタジン 200mg 睡眠 　クアゼパム 30mg 　フルニトラゼパム 2mg 下剤 　酸化マグネシウム 2,000mg 　ジメチコン 80mg	抗精神 　レボメプロマジンマレイン酸塩 5mg 　リスペリドン 3mg 抗てんかん 　レベチラセタム 4,500mg 　バルプロ酸ナトリウム 800mg 　カルバマゼピン 700mg 　クロナゼパム 0.5mg 　ゾニサミド 450mg 抗うつ 　フルボキサミンマレイン酸塩 125mg 睡眠 　フルニトラゼパム 2mg 下剤 　酸化マグネシウム 2,000mg 　センノシド 48mg	抗精神 　レボメプロマジンマレイン酸塩 5mg 　リスペリドン 4mg 　ゾテピン 75mg 抗てんかん 　レベチラセタム 1,400mg 　バルプロ酸ナトリウム 800mg 　カルバマゼピン 900mg 抗うつ 　フルボキサミンマレイン酸塩 25mg ADHD 　アトモキセチン塩酸塩 100mg 抗パーキンソン 　ヒベンズ酸プロメタジン 3mg 睡眠 　フルニトラゼパム 2mg 　ニトラゼパム 20mg 　エスタゾラム 4mg 　ブロチゾラム 0.25mg 　フェノバルビタール 20mg 　ブロモバレリル尿素 0.8mg カルニチン欠乏 　レボカルニチン塩化物 750mg 下剤 　センノシド 48mg 頓服 　リスペリドン・ピコスルファートナトリウム
入所1年半	抗精神 　オランザピン 20mg 抗てんかん 　バルプロ酸ナトリウム 1,200mg 　トピラマート 600mg 　レベチラセタム 1,000mg 抗パーキンソン 　ヒベンズ酸プロメタジン 200mg 睡眠 　クアゼパム 30mg 　フルニトラゼパム 2mg 下剤 　酸化マグネシウム 1,000mg 　ジメチコン 80mg	抗精神 　レボメプロマジンマレイン酸塩 5mg 　リスペリドン 4mg 抗てんかん 　バルプロ酸ナトリウム 800mg 　カルバマゼピン 600mg 下剤 　酸化マグネシウム 1,000mg 　センノシド 36mg	抗精神 　レボメプロマジンマレイン酸塩 35mg 　リスペリドン 4mg 抗てんかん 　バルプロ酸ナトリウム 800mg 　カルバマゼピン 1,000mg ADHD 　アトモキセチン塩酸塩 100mg 抗パーキンソン 　ヒベンズ酸プロメタジン 3mg カルニチン欠乏 　レボカルニチン塩化物 750mg 下剤 　センノシド 48mg
入所3年	抗精神 　オランザピン 10mg 抗てんかん 　バルプロ酸ナトリウム 200mg 　トピナ 100mg 　カルバマゼピン 200mg 抗パーキンソン 　ヒベルナ 25mg 睡眠 　クアゼパム 15mg 　フルニトラゼパム 1mg 下剤 　マグミット 500mg 　ガスオール 40mg	抗精神 　ヒルナミン 5mg 　リスペリドン 200mg 抗てんかん 　バルプロ酸ナトリウム 200mg 　カルバマゼピン 200mg 下剤 　マグミット 330mg 　センノシド 12mg	抗精神 　ヒルナミン 30mg 　リスペリドン 1mg 　ロピン 25mg 　オランザピンOD 5mg 抗てんかん 　バルプロ酸ナトリウム 200mg 　カルバマゼピン 300mg ADHD 　ストラテラカプセル 25mg 抗パーキンソン 　タスモリン 1mg カルニチン欠乏 　エルカルチン 250mg 下剤 　センノシド 12mg

行動障害の頻度・強度が再び増えた時期である。

2. 服薬調整

表5-3は，対象者3人が，①入所当初の段階，②入所後1年半経過段階，③入所後3年経過段階における服薬状況をまとめたものである。入所当初は，それ以前に入院していた精神科病院から引き継がれた処方であり，1年半が経過した段階では，おおむね服薬数は減っている。薬物名表記されている表5-3の服薬状況は，Aは入所時に1日に10種43錠（昼，就寝時）処方されており，1年半後には9種類37錠（昼，夕，就寝時），Bは1日11種40.5錠（朝，夕，就寝時）から6種17錠（朝，夕，就寝時）に，Cは1日18種48錠（朝，昼，夕，就寝時）と頓服から8種32錠（朝，昼，夕，就寝時）と減っている。一方，入所1年半以降，服薬状況の変化はほとんどない。

Ⅲ　モデル事業の可能性と限界

本章は，強度行動障害者支援に特化したモデル事業の利用者3人の支援経過をまとめたものである。この事業は，診療所併設の施設入所支援を中心に，3年間の入所を目処に，構造化を中心とした専門的支援を提供するものである。3人の利用者は，著しい行動障害を理由に障害福祉サービスの利用が困難となり，モデル事業利用前に精神科病院に入院しており，援護の実施者である地方自治体で退院後の生活の場の調整が難しい事例である。そして，本章執筆時点（2018年9月）で，対象者3人のうち2人は，モデル事業を終了し，出身地の障害者支援施設に移行している。障害福祉分野の地域移行（家族同居やグループホームへの移行等）の範疇には入らないが，施設入所支援を活用し，行動障害が著しい人の生活を立て直すモデル事業は，一定の成果を上げることが可能であることが示された。

支援の経過を振り返ると，3人共，入所後第1四半期から第3四半期の間に，生活支援方法の変更回数が減り，比較的安定した生活スタイルを獲得している。入院している精神科病院と障害福祉分野の施設入所支援は，その生活の在り方が大きく異なる。多くの障害者支援施設では，日中活動としての

生産活動等への規則的な参加や身の回りの管理についての自立性が尊重される。そして，施設入所前に，このような生活の準備性に関する情報を求める。しかし，長期間精神科病院に入院している人に関して，生産活動の従事や身の回りの自立性についての十分な情報を得ることは難しい。結果的に，入所後，入院前の情報等を参考に生活環境（構造化のレベルの確認，実施可能な活動の設定等）を設定し，日々の支援の様子を観察することで計画的に修正することになる。このように，利用開始から始まる，継続的なアセスメントと支援の修正が，第1四半期から第3四半期にかけて頻繁に行われることになる。そして，生活環境の計画的な修正と同時に，入所時に多剤服用していた抗精神薬等の減薬が試みられている。

　事例の3人は，おおむね3カ月から9カ月の間に，この初期の生活環境の調整と減薬が進み，比較的安定した生活を過ごしている。しかし，丸2年が経過した第9四半期以降，生活支援方法の変更回数が増えている。その理由として，支援記録からは，①施設入所から他施設等への移行に向けての生活環境の変化（居住場所が施設内の専門寮以外に移る／移行予定先施設等での体験実習）により行動障害が増える，②新たに専門寮に入所する行動障害が著しい利用者の影響で生活環境を変更せざるを得ない（居室や日中活動環境の変更等）ことにより行動障害が増えると推測できる。居室や日中活動の設備面，あるいは施設入所支援という事業形態，モデル事業の期間の設定（おおむね3年という長期間の妥当性）等の事業運営上の改善点が残ると考えられる。一方，このように行動障害が増える時期においても，服薬数が増えることはなかった。今後も，このように通過型のモデル事業を実施する施設の拡大と，事例の蓄積が求められる。

文　献

遠藤浩（2014）知的障害者の入所施設の現状と課題，今後の方向性について．発達障害研究，36（4）；312-320．

市川宏伸・田淵賀裕・原郁子，他（2011）長期在院精神遅滞患者と強度行動障害に関する調査　平成21年度．厚生労働科学研究　強度行動障害の評価尺度と支援手法に関する研究（研究代表者　井上雅彦）平成21-23年度総合研究報告書．pp7-9．

国立精神・神経医療研究センター（2018）全国・都道府県の精神保健福祉資料．（https://www.ncnp.go.jp/nimh/seisaku/data/）［2018 年 9 月 30 日閲覧］

志賀利一（2017）障害福祉サービスとしての強度行動障害者支援の到達点と課題．国立のぞみの園紀要，10；61-83.

IV

知的・発達障害への医療

第1章

地域との連携を中心に
――成人期の知的・発達障害者の健康管理

志賀利一

I 要旨

　高齢期に達した知的・発達障害者の支援の在り方が社会的な課題になったのは最近のことである。知的・発達障害者の医療については，これまで精神科領域を中心に広く研究が行われてきた。しかし，中年期・高齢期に達した知的・発達障害者は，障害のない人と同様に生活習慣病のリスクが高まる。また，障害者支援施設を中心とした多くの先行研究では，知的・発達障害者の身体機能ないし認知機能の低下は，一般の高齢者よりかなり早いと報告されている。

　知的・発達障害者の中には，自ら病状を訴えることができない人も多く，診断の遅れ，病状の進行のリスクがある。それゆえ，日々の健康状態の観察と定期的な健康診断の重要性は高いと考えられる。しかし，中年期・高齢期知的障害者の健康状態や生活習慣病予防に関する研究はほとんど存在しない。また，国民健康保険や健康保険組合における特定健診等は，障害の有無に関係なく広く活用できるものであるが，知的・発達障害者の受診状況について調査したものはない。さらに，障害者支援施設以外の障害福祉サービス事業所においては，定期健康診断の実施義務はない。健康診断の実施義務のある障害者支援施設においても，健康診断の項目は同年代の障害のない人と比較しても少ないのが現状である。知的・発達障害者の長期的な健康を保障する

ための政策を検討する上でのより広範囲な調査が待たれるところである。

II 調査の目的と方法

　誰もが人生の後半にさしかかる頃から、心身の機能低下が顕著になる。知的・発達障害者の加齢による心身機能の低下は、定型発達の人よりも早いとする報告が多い。たとえば、障害者支援施設を対象とした全国調査では、食事提供において普通食を提供しているのは、65〜69歳に対して53.0％、70〜74歳が49.2％、75〜79歳が41.7％、80歳以上が38.2％であった。高齢期に達した知的・発達障害者の多くは、障害者支援施設において、刻み食、ソフト食、ミキサー食、経管栄養等の食事提供を受けている（五味・他、2013）。この研究では、その他の心身機能についても、定型発達と比較するとかなり早く低下していると報告している。また、知的・発達障害者は、定型発達の人より早期に何らかの生活習慣病に罹患しやすい傾向があると言われている。障害者支援施設の調査では、30歳台より消化器系や眼科の疾患が発症しやすく、40歳台には循環器関係疾患、50歳台に内分泌、尿路性器系、皮膚系、脳・神経系の疾患が増えるリスクがあるとまとめている（井沢・他、2012）。

　国が推奨する「健康日本21」をはじめ、加齢による心身機能の低下を予防するためには、早い段階からの生活習慣の見直し（生活習慣病の予防）が重要であると言われている。また、知的・発達障害者の高齢化とその対策が、現在社会的課題になりはじめている。我が国の知的障害者（児）の総数が108.2万人で、その16％が65歳以上だと推計されている。知的・発達障害者とは、その認知機能の障害ゆえに、生活習慣病等の初期症状の気づき、気づいた症状を正確に医師等に伝達することの難しさがあると推測される。であるなら、定期的で詳細な健康診断の受診の重要性は、定型発達の人より重要になる。しかし、成人期の知的・発達障害者の健康診断の実態について調査したものはほとんどない。そこで、知的・発達障害者を対象にした健康診断の実施状況を調査することにより、知的・発達障害者の健康管理に関する現状と課題を考察し、効果的な生活習慣病予防の実現に向けての基礎的資料を作成することを目的に、「障害者支援施設等における健康診断の実施状況」、

「地域で生活する知的・発達障害者の健康診断の実施状況」について調査を行った。さらに，川崎市において実施された大規模調査結果，高齢知的障害者関連セミナーにおける実践報告等の資料を参考に，知的・発達障害者の生活習慣病の予防について考察する。

Ⅲ 調査の結果から

1. 障害者支援施設における健康診断の実施状況

国立のぞみの園では，全国の障害者支援施設のうち200施設を無作為抽出し，郵送方式のアンケート調査を実施した。その結果，121施設（回収率60.5％）より回答を得た。121施設の利用者総数6,381人（平均年齢48.5歳）であった。

結果として，回答のあったすべての施設で健康診断が実施されていた。しかし，その回数や費用負担，実施項目は施設ごとに大きく異なっている。中には，少数ではあるが「年間1回だけの健康診断実施（2施設）」「健康診断費用が全額利用者負担（12施設）」といった「障害者自立支援法に基づく指定障害者支援施設等の人員，設備および運営に関する基準」を満たしていない施設も存在した[注1]。

その他大多数の施設は，基準の回数以上，全利用者を対象に施設の事業費として健康診断を実施していた。なお，調査対象の施設では，施設入所支援以外で，併設・空床型短期入所を運営している。そして，この短期入所に6カ月以上在籍している利用者がいる施設は49施設あった。短期入所利用者の健康診断の実施状況は，約半数である。障害者支援施設を半年以上利用していても，健康診断が実施されていない現状も明らかになった。

注1 障害者自立支援法に基づく指定障害者支援施設等の人員，設備及び運営に関する基準について（平成18年9月28日：厚生労働省令第172号）の第36条「健康管理」において，「①利用者の健康管理は，保健所等との連絡の上，医師又は看護職員その他適当な者を健康管理の責任者とし，利用者の健康状態に応じて健康保持のための適切な措置を講じることとしたものである。②毎年，年2回以上定期的に健康診断を行うことにより，利用者の健康状態を適切に把握する必要がある」と定められている。

図 1-1　障害者支援施設における主な健康診断実施項目

　健康診断として実施している項目は，身長，体重，血圧，採尿のみ実施している施設が多い。健康診断の項目数について，労働安全衛生法で20歳以上の従業員に必須とされている項目（図1-1の項目参照）と比較すると，すべてを実施している施設は19施設（15.7％）しか存在しない。特に「聴力」「視力」の実施率が低く，障害ゆえの実施の困難さを指摘する施設が多かった。一方，「がん検診」や「骨密度検査」といった，利用者の高齢化に合わせて積極的に健康診断項目を増やしている施設も存在する。

2. 地域で生活している知的・発達障害者の健康診断の実施状況

　国立のぞみの園では，地理的な特徴の異なる2カ所の自治体の自閉症児者親の協力を得て，18歳以上の会員を対象にアンケート調査を実施した。アンケートの回収数は171人であった。定期健康診断未実施の割合は，2つの親の会で差があり，A県6人（22.2％），B市12人（8.3％）であった。

　健康診断項目は，身長，体重，血圧，採尿についてはほぼ全員，ついで血液検査，さらに胸部X線，視力検査が半数以上実施という結果であり，項目数はかなり限定されている（表1-1参照）。また，健康診断を実施しない理由として，自由記載の内容として，「本人が怖がるため」「実施してくれる機関が無い」「てんかん等ですでに定期健診を実施している」が複数回答されている。健康診断の重要性について本人・家族への積極的な周知と同時に，健康診断の実施方法についても検討が必要であると考えられる。

表 1-1　知的障害者が受診している主な健康診断項目（親の会調査）

項目	内訳	A県		B市	
		件数	%	件数	%
健康診断実施項目	身長	20	100.0	119	98.3
	体重	20	100.0	119	98.3
	血圧	20	100.0	116	95.9
	採尿	18	90.0	118	97.5
	採便	1	5.0	39	32.2
	腹囲	13	65.0	46	38.0
	視力	8	40.0	67	55.4
	眼底	0	0.0	5	4.1
	眼圧	1	5.0	5	4.1
	超音波	1	5.0	3	2.5
	血液	16	80.0	104	86.0
	問診	6	30.0	58	47.9
	歯科	4	20.0	41	33.9
	子宮	0	0.0	3	2.5
	乳	0	0.0	2	1.7
	前立腺	0	0.0	3	2.5
	胸部X	7	35.0	72	59.5
	胃部X	0	0.0	4	3.3
	聴力	1	4.8	9	7.4
	心電図	1	4.8	14	10.8

3．川崎市調査

　神奈川県川崎市では，平成30年度からの第4次かわさきノーマライゼーションプラン改定版作成の基礎資料として，「障害のある方の生活ニーズ調査（平成29年2月実施）」を実施している（川崎市,2018）。その調査項目に「1年間に健康診断をうけたか？」「（1年間に受けていない人は）直近に健康診断を受けたのはいつか？」といった設問を設けている（対象者は在宅，施設入所すべてを含む）。障害種別のアンケート配布数ならびに回答数，回答方法については表1-2,健康診断を受けている人の割合は表1-3のとおりである。
　健康診断受診状況については，障害種別で知的障害が最も割合が高い。しかし，1年間に健康診断を受けていない人が，「直近に健康診断を受けたの

表1-2 障害種別調査の実施状況（川崎市調査）

障害種別	配布数	回答数（回収率）	回答者（割合）／この項目無回答
身体障害	3,439	1,746 (50.8%)	本人 1,500（68.1%） 本人から意見を聞いて援助者等 235（15.9%） 援助者が判断して 154（10.4%）
知的障害	1,778	702 (39.5%)	本人 179（25.5%） 本人から意見を聞いて援助者等 194（27.6%） 援助者が判断して 299（42.6）
精神障害	2,039	809 (39.7%)	本人 624（77.2%） 本人から意見を聞いて援助者等 79（9.8%） 援助者が判断して 45（5.6）

表1-3 障害種別の健康診断の受診状況（川崎市調査）

障害種別	受けた（割合）	受けていない（割合）	無回答（割合）
身体障害	944（64.0%）	481（32.6%）	51（3.5%）
知的障害	497（70.8%）	181（25.8%）	24（3.4%）
精神障害	388（48.0%）	404（50.0%）	16（2.0%）

表1-4 健康診断を受診していない人が直近に受けた検診（川崎市調査）

障害種別：人数	1～2年前（割合）	3年以上（割合）	受けたこと無い（割合）
身体障害：481人	126人（26.2%）	221人（45.9%）	108人（22.5%）
知的障害：181人	39人（21.5%）	44人（24.3%）	**89人（49.2%）**
精神障害：404人	104人（25.7%）	197人（48.8%）	93人（23.0%）

はいつか？」に対する回答を見ると，知的障害者は181人中約半数の89人は，「受けたことが無い」と回答している。この割合は，身体障害，精神障害が20％少々であることを考えると，突出して高い（表1-4参照）。先の親の会調査同様，健康診断の実施の在り方について何らかの対策が必要だと考えられるデータである。

Ⅳ　まとめ

1．障害福祉サービスと健康診断

　現在，障害者支援施設については，施設の設備・人員等の基準において，健康診断の実施が必須条件になっている。本研究では，一部の施設ではあるが，この基準に合致した健康診断が実施されていない現状が明らかになった。また，この基準には，労働安全衛生法や学校保健安全法のように，健康診断の必須項目は定められていない。本研究の結果においても，施設毎に健康診断項目にばらつきが大きく，視覚・聴覚検査，尿検査，医師の問診，胸部レントゲンといった，労働安全衛生の必須項目を実施していない施設も数多く存在した。一方で，高齢化する利用者へのサービスとして，積極的にがん検診や骨密度等の検診項目を実施している施設もあり，事業所を運営している組織の方針が大きく影響している。

　知的・発達障害者は自ら症状を訴えることができない場合が多く，診断が遅れ，病状の進行が進んでしまう場合が多いと言われている。日々の支援における健康状態の変化の詳細な観察と並行して，定期的な健康診断の重要性は高いと考えられる。しかし，中年期・高齢期の知的・発達障害者の健康状態や生活習慣病予防に関する研究はほとんど存在しない。政策に反映する調査が早急に必要だと考えられる。

　一方，障害者支援施設以外の障害福祉サービス事業には，健康診断等の実施が義務付けられていない。しかし，生活介護や就労継続支援事業等の日中活動支援を行っている事業所では，障害者支援施設同様，定期的な健康診断を実施している施設が存在する。親の会対象調査や川崎市の調査においても，通所型施設で実施されている健康診断の受診事例が少なくない。しかし，あくまでも事業所単位で任意に判断されているものであり，検診項目の問題も障害者支援施設と同様である。

2．健康診断受診を妨げる要因

　知的・発達障害者の健康診断受診を妨げる要因には，主に「知的・発達障

害者の健康管理への知識不足」や「費用」の問題だけでなく「障害特性を配慮した検診体制」が存在する。

障害者支援施設で実施している検診項目の中では，聴力・視力検査，問診の実施率が低い。調査の自由記載欄において，「検査方法の理解が困難」との回答がいくつも見られ，検査実施において一定の知的能力が要求されることも事実である。重度の知的障害があり，コミュニケーション能力に制限がある者を対象とした検査方法の確立・発展が求められる。

また，自閉症をはじめとする発達障害児者の医療受診にはさまざまな問題があることも広く知られている。しかし，その問題は，障害のある本人ではなく，医療従事者の配慮や工夫不足が起因している場合も多いと指摘されている。大屋ら（2009）は，「医療関係者は，発達障害は先天的な機能障害に起因していること，親の育て方が悪くて生じた障害ではないことをしっかり認識し，診療がうまくいかない場合には，その原因がすべて本人や親にあるのではなく，医療者側にも原因がある，自分たちの工夫が足りないという意識を持つことから第一歩が始まる」と啓発している。知的・発達障害者一人ひとりの障害特性を配慮したプレパレーションの大切さについて広く周知することが必要である。

3. 結論

高齢期に達した知的・発達障害者の支援の在り方が社会的な課題になったのは最近のことである。知的・発達障害者の医療については，これまでは精神科領域を中心としたものであった。しかし，中年期・高齢期に達した知的・発達障害者は，障害のない人と同様に生活習慣病のリスクが高まる。さらに，障害者支援施設を中心とした多くの先行研究では，知的・発達障害者の身体機能ないし認知機能の低下は，一般の高齢者よりかなり早いと報告されている。

知的・発達障害者は自ら症状を訴えることができない場合が多く，診断が遅れ，病状の進行が進んでしまう場合が多い。日々の支援における健康状態の変化の詳細な観察と並行して，定期的な健康診断の重要性は高いと考えられる。しかし，中年期・高齢期の知的・発達障害者の健康状態や生活習慣病

予防に関する研究はほとんど存在しない。また，国民健康保険や健康保険組合における特定健診等は，障害の有無に関係なく広く活用できるものである。しかし，定期健康診断の受診状況については十分な調査が行われていない。さらに，健康診断の義務のある障害者支援施設においても，健康診断の項目は同年代の障害のない人と比較して著しく少ないのが現状である。

　知的・発達障害者の長期的な健康を保障するための政策を検討する上でのより広範囲な調査が待たれるところである。

文　　献

五味洋一・志賀利一・大村美保，他（2013）障害者支援施設における 65 歳以上の知的障害者の実態に関する研究—身体・認知機能の実態と支援上の課題に関する悉皆調査から．国立のぞみの園紀要，6；14-24．

井沢邦英・志賀利一・村岡美幸，他（2012）高齢知的障害者の健康管理と医療・介護に関する調査・研究—のぞみの園利用者の診療記録から．国立のぞみの園紀要，5；83-88．

川崎市　第 4 次かわさきノーマライゼーションプラン改定版（2018）http://www.city.kawasaki.jp/kurashi/category/23-2-28-0-0-0-0-0-0.html［2018 年 4 月 1 日閲覧］

大屋滋・村松陽子・伊藤政之，他（2009）発達障害のある人の診療ハンドブック—医療のバリアフリー．（自閉症・知的障害・発達障害児者の医療機関受診支援に関する研究会監修）PandA-J 出版．

第 2 章

人間ドックの実践 1
―― いのちのバリアフリーをめざして

江副　新

　おそらく本邦初で唯一であろう知的障害にフォーカスした特別人間ドックが，2004年から東京都杉並区で小規模ながら定期実施されてきた。胃バリウム検査などこれまで不適応と見なされ，健常者には普通のことである総合健診の機会すら与えられなかった重度知的障害者や，強度行動障害を有する自閉症スペクトラム，脳性麻痺や視覚障害など重複障害者も，スタッフの工夫と熱意でほとんど全員が一定の成果をあげ注目されている。

　この結果，今まで見過ごされてきたさまざまな疾患が発見されるなど，知的障害者診療への経験とノウハウが蓄積されている。

　知的障害者ドックのプロジェクトは，子どもの将来に不安を抱く区内養護学校の父親たちが設立した当NPO法人すぎなみ障害者生活支援コーディネートセンターが働きかけ，これに応えた民間病院の全面協力を得て実現したものである。このドックには，成人病や生活習慣病の早期発見とともに急性死の回避，健康寿命の延長という切実な願いが込められている。

　親亡き後への贈り物，最大の安心は「健康」と「笑顔」。そのために知的障害者だからこそ，特別な人間ドックが必要であると考える。

I　知的障害者の医療実態と健康障害

1．死亡率と死因を考える

　一般に知的障害者は短命だと言われてきたが，果たして真実だろうか，だ

としたらそれはナゼか？　厚生科学研究「知的障害者の健康問題」（1999, 2001）でも死亡率3～10倍との報告があるが，先逝く親にとって，これ以上深刻な話題は無い。

　筆者の施設ヒアリングでも「残念ながら手遅れで……」「前夜何事も無く朝には冷たくなっていた」という経験談こそ多いが，「幸い早期発見で」という事例を聞くことはほとんど無い。

　有馬正高（1998, 2001）は知的障害者の死亡率と死因の類型や背景等を調査し，彼等の健康問題に警鐘を鳴らし大きな衝撃を与えた。一般に障害者の死因として心不全・急性死・突然死の名が多く挙げられるが，これも大いに疑問が残るところである（一般には，がん＞心疾患＞脳血管疾患＞肺炎の順で67％）。

　さらに，病理解剖・行政解剖に付されることも稀である。

　この事は"避けられる死"であった可能性を示唆しているように思える。

　患者との言語応答を前提としたとき，知的障害者では主訴把握から診断に至るまでかなりの困難が伴い，問診不能，本人の頑強な受診拒否，看護の困難と個別性など，医療者が直面する問題は山積する。

　これ以外にも付添介助，インフォームドコンセントと治療応諾など，法的保護者がそこにいない場合，医療現場では障害当事者の能力を超える緊急課題が発生するのも事実である。

　加えて，保護者や支援職員の多くは，障害固有あるいは加齢ステージ別の二次疾患の可能性や，想像される以上に高い死亡率など知識が乏しく，病態への想像力と対応力の欠如，その結果としての放置……。すなわち障害者であるがゆえの重症化と死，の連鎖が推察される。

　最近の英国での知的障害者医療研究によると……，

　【寿　命】女性＝マイナス20歳，男性＝マイナス13歳（一般人口比）

　【死亡率】50歳までの死亡確率＝58倍

　【避けられたはずの死亡】英国公的病院において1日3名（註：人口は日本のほぼ半分）

　（「知的障害のある人の早期死亡に関する内密調査2013」Blair, J. 来日講演録より）

2. 医療現場における知的障害者

　前節で医療者側から見た知的障害者診療の困難を挙げたが，当事者と保護者の立場から見れば，永年放置されてきた医療環境と社会環境にこそ深刻な問題が根ざしていると考える。

- 医師・医療関係者の障害理解と経験の絶対的不足と不適切な対応
- 診療拒否，たらい回し，医療アクセシビリティの根本問題
- 恐怖感と情報過多で知的障害者にとってニガテが集約する病院
- 安心して障害者患者を任せられる病院が見つからない
- 入院時など付添を求められる心配，または断られることの不安
- 同室者への配慮から病院が高額な個室利用を要請する可能性
- 幼児期より周囲に謝罪し続け，遠慮と諦めで疲弊している母親
- 障害学の知識が乏しく重要情報の理解と職員共有が不十分な施設
- 内容の薄い施設健診（必須科目が法的に指定されていない）
- あらゆる場面で，健康と生命に対する「合理的配慮」の決定的欠如
- 全国規模での死亡・死因に関する最新調査が行われていない

　近年，障害者への社会的受容は好転しつつあると言われているが，診療場面においてはいまだ「福祉」と「医療」の谷間におかれ，家族共々あえいでいるのが現実である。

II　障害者ドックのスタート（'04年）

1. 成人後も"避けられる死"を避けるために

　養護学校との特別医療連携（常時救急搬送受入）に応じていただいたのがK病院との最初の接点だが，これがすっかり定着した頃，成人期以降の健康確保としてかねて構想していた『障害者ドック』を病院に提案した。

　院長は即座に院内調整を指示，永年の夢が動き始めた。当法人は外部協力者とともに事業構想を作成しながら調査を実行した。先行事例では，われわれのイメージする人間ドックの知的障害者版は確認できなかった。

　区内施設を通じて行った保護者アンケートでは「人間ドックなんて考えたこともない」と半信半疑ながら積極的受診意向は45.7％であった。ただし「も

し病気が見つかったら入院させ手術もしてくれるのか?」という質問が定番であった。

2. まずは知的障害の知識と理解から

すべてが初めてで試行錯誤のなか,健診センターの医師・看護師・検査技師・管理部門を交え院内特別研修を9回開催し,障害種別の特徴と配慮すべき疾患,障害程度区分と多彩な障害者像の理解,経済状態や仕事と暮らし,社会資本と制度,法的保護,支援のポイント,対応技術と運営方法など講師も招き学習した。回を重ねるうち,障害者を理解し始めたコメディカルスタッフから的確な質問や,障害特性をふまえた具体的で大胆な提案も出てくるようになった。これらは今でも中核的ノウハウとして受け継がれている。日常業務終了後の集中研修だったが,各回全員に配布された資料は膨大な量となった。

一方,院外でも知的障害と関わりの深い外部専門家(弁護士・医師・看護師・研究者・医療コーディネータ)と検討会を開催し,障害者ドックの課題を抽出した。こうした取り組みのなかから,次第に障害者ドックの輪郭が明確になってきた。

準備開始から数カ月目には希望者を募りトライアルドックを実施。2名ずつ障害程度や種別の組合せを変えて3回行い,その結果から介助方法など軌道修正をして一般募集に至った。

Ⅲ 障害者ドックの実際

1. 基本パッケージは通常ドック+胸・腹 CT

障害者ドックの基本は,通常の半日ドックに胸・腹 CT がセットされている。これは難度が高いと思われた胃部レントゲン(バリウム)不調に備えての担保で,せっかくのドックで画像診断が得られないのは残念だという病院側からの申し入れで特別提供されたものである。

【基本検査項目】

身体計測／血圧／胸部・腹部 CT ／胸部レントゲン／胃部レントゲン（医師判断で内視鏡変更も可）／心電図／眼圧測定／眼底カメラ／尿検査／便潜血検査／血液検査／視力検査／聴力検査／メタボ健診・問診／医師診察

【オプション項目】

◎腫瘍マーカー（各 3,240 〜 5,400 円）：CEA（肺癌・大腸癌等）／ CA19-9（膵臓癌・胆管癌・胆嚢癌等）／ SCC（肺癌・食道癌）／シフラ（肺癌）／ CA125（卵巣癌等：女性）／ PSA（前立腺癌：男性）

◎乳房 X 線検査（女性：5,400 円），◎脳 CT（16,200 円），◎ピロリ菌抗体検査（2,160 円）

2．受診資格と少額の自己負担

　これまで定期的に障害者ドックの日を設け，募集を行ってきた（2018 年からは年 1 回）。

　対象者は杉並在住で住民票がある知的障害当事者 8 名に限定している。これは主に知的障害者を対象としたときの検診キャパシティーからきているもので，個別対応をするとこの程度の人数が限界という判断である。

　一般価格で積み上げても仕方の無いことだが，通常料金は 9 万円超となるところ，当事者の自己負担はわずか 6 千円程度に抑制されている。彼等の生活実態を知った病院側の，親亡き後も継続して受診できるようにという配慮からである。

　2 万円弱の区民健診制度（30 〜 40 歳未満）と国保特定健診制度（40 歳以上）補助を利用しているが，圧倒的差額は毎回全額病院の持ち出しとなっている（健診補助は区により額と要求項目がかなり異なる）。

　受診資格：杉並区に住民票がある，満 30 歳以上の知的障害当事者
　　　　　　（障害程度や重複は問わない）
　人　　数：申込先着 8 名
　　　　　　事務局である当法人が区内施設から該当者に案内を一斉配布
　受診料金：40 歳未満＝ 6,240 円，40 歳以上＝ 5,900 円（税込）

3. 障害者ドックならではの合理的配慮

　検査科目は健常者と同じだが，一般のように機械的にこなすことは不可能なので，時間をかけ丁寧な対応をしている。人的にもほぼマンツーマン，あるいはそれ以上で通常より多くの手数と時間がかかっている。

　あくまでも失敗しない，させないことが目標であり，そのためにさまざまなテクニックが編み出されてきた。その代表例がペア行動と先行目視で，経験者や中軽度者と初診または重度者を組み合わせる。先輩の受診風景を間近で見せると，何をされるのかがわかり，怖くなくすぐに終わると安心するのか，問題なくできてしまうことが多い。胃バリウムやCTなど初めて見る大きな装置でも，特別に操作室から先行者の様子を見学させるだけで不安が除去され，初診者でも意外なほどあっさりクリアする。

　現場でもさまざまな工夫が行われている。放射線技師は2名1組で，たとえば最難関の胃バリウムの場合，サブモニターを見ながら直接介助で体位変換し，もう1名の技師が呼応して撮影を行う。このとき受診者に複雑な言語指示は行わず，端的な言葉掛けと指差しやジェスチャーでの伝達が自然に心懸けられている。一般の検診では見られない光景である。この大胆な荒技で，重度者もほとんどが成功している。

　CTでは固定ベルトを気づかれない程度に軽くかけ，タオルケットで拘束が見えないようにして安全を確保している。

　他の検査でも初回で抵抗があっても2回目は恐怖心が取れ，案外スムーズなことが多いようだ。こうした体験は緊急時に役立つことと思われる。

　自己応答型の視力・聴力検査では，要求内容が理解されず成功率が低い。しかし聴力検査では，直前の刺激反応練習により成功例が確認されている。

4. 慎重な事前準備

　重要なことは，受診者一人ひとりのプロフィールの共有。障害者ドックでは6頁にわたる独自の「特別問診票」を家庭やグループホームに直接届け，生育歴や障害状況，家族と生活状況，こだわりやクセ，病歴や投薬状況，検査経験と主治医など詳細な調査を回収し病院に回付する。必要に応じて施設や家庭訪問も行う。病院から主治医に意見聴取することもある。

図 2-1　技師の直接介助で体位変換（バリウム検査）

　このほか検査を写真とイラストで示した「ドックスタンプラリー」シートと，本番と同じバリウム検査用「発泡剤」も練習用として届けられる。スタンプラリーは当日科目終了毎にスタンプが貰え，ゴールまでの見通しを立てるのに役立つ。また，着替えの抵抗に備えて，検査着の事前貸出も行われている。

Ⅳ　実績と成果

　本ドックの発足以来，2019年1月時点で延201名の知的障害者が受診している。男女比でみると男性が70％を占め，年代的には30歳代が最多で以下40歳代，50歳代と続く。リピーターも増えている。これらは保護者の年齢と意識によるものと推察される。
　また障害程度では，2度（重度）・3度（中度）・4度（軽度）がほぼ3割ずつの比率となっている。1度（最重度）は無かった。
　ドックがなければ見逃されていたさまざまな疾患が見つかり，手術事例も

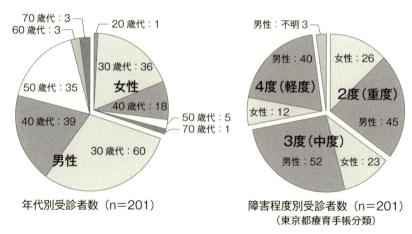

図2-2 すぎなみ知的障害者ドックの受診者（H16年度～30年度累積））

表2-1 知的障害者ドックで発見された健康上の問題

甲状腺腫，乳腺腫，食道ヘルニア，消化器官奇形，潰瘍瘢痕，肝機能障害，肝血管腫，脂肪肝，腎結石，水腎症，腎機能障害，糖尿病，心電図波形異常，不整脈，胸部CT陰影，血小板減少症，高脂血症，尿潜血，便潜血，緑内障，眼底出血，遠視，近視，乱視，難聴，貧血，高血圧，低血圧……，など。

あり保護者から感謝されている．特に悪性腫瘍では，知的障害者だからこそドック受診の意義があることを象徴的に印象づけたようだ．

　ドックが万能ではないものの，自ら不調を訴えることができない彼等にかわり，周囲が配慮するきっかけになってほしいと思う．

　また，各種検査の成功体験と達成感は，受診者と医療側双方に自信と安心をもたらし，障害医療環境の改善にも役立つはずである．

　ちなみに，これまでの受診者で現在まで死亡者は出ていない模様である．

V　問題点と課題

　前例の無いプランに賛同し協力を惜しまなかったＫ病院の英断に感謝し，これを現実のものとして育てた健診スタッフに敬意を表する。

　ここに至るには病院の献身的努力があったが，一方で経済負荷をかけていることを認めなければならない。持ち出しも大きく経営上の重圧となっていることは明らかである。施策として公的支援策が望まれる。

　こうした現実もあり，他地区になかなか敷衍されず，追随する病院はまだ現れない（身体障害分野では以前より若干の類例がある）。

　杉並でも毎回定員を大きく上回る応募があり，その必要性も認知されている。「特別でありながら，特別なことはしていない」「その気になればどこの病院でもできるはず」と病院スタッフは控えめだが，市をあげて取り組む福岡県大牟田市の他，国立のぞみの園，国立リハビリテーションセンターなど知的障害者ドックにチャレンジしようという動きに期待したい。

参考文献

有馬正高，他（1998・2001）不平等な命1・2．社団法人日本知的障害福祉連盟．

Blair, J.（2016）（高橋和俊訳）障害のある人の医療と「合理的配慮」／イギリス知的障害看護の挑戦（来日講演 Resume）．

江副新，他（2005）健康な地域生活のための障害者人間ドック／生存へのバリアフリーと医療ネットワークづくりをめざして．すぎなみ障害者生活支援コーディネートセンター．

Heslop, P. et al.（2013）The Confidential Inquiry into premature deaths of people with learning disabilities（CIPOLD）．Norah Fry Research Centre．

大野耕策・平山義人・松石豊次郎，他（2007）知的障害者の健康管理マニュアル．診断と治療社．

大屋滋，他（2008）発達障害のある人の診療ハンドブック／医療のバリアフリー増補版．白梅学園大学．

妹尾正，他（1987）精神薄弱者加齢の軌跡．財団法人日本精神薄弱者愛護協会．

第3章
人間ドックの実践 2

大屋　滋

　千葉県は，平成16～18年度に「障害者の総合健康診断及び人間ドックを進めるモデル事業」を旭中央病院健診センターにおいて実施した。本章ではこの事業の報告書の抜粋をもとに，自閉症や知的障害のある人の医療について述べる。

I　モデル事業の目的と意義

目的と意義を以下のように設定した。
　①コミュニケーションに困難がある人，体の不調を伝えにくい人の健康管理。
　②障害のある人が，医療機関受診についての良い経験を積む。
　③医療機関が，障害のある人を診療するノウハウを開発，蓄積する。

II　受診者と検査項目

　合計23名（中学生1名，高校生1名を含む）の受診者が，他の一般の受診者と一緒に，1～2名ずつ受診した。人間ドックの職員や，検査室（レントゲン，エコー，心電図，採血室，検眼室等）の技師と検査方法の工夫等について繰り返し打ち合わせを行い，いろいろな場合を想定した対応法を準備した。23名全員に知的障害があり，療育手帳所持者。うち14名が自閉症，

1名が肢体不自由を併せ持っていた。

健診の内容は，身体計測，検尿，腹部超音波，胸部レントゲン，採血，心電図，診察（聴診，血圧），眼科検査（眼圧，視力），オプションとしてMRI，CTスキャン。10時頃受付，途中でおやつタイムをはさみ，12時頃終了した。

Ⅲ 事前の準備

1．病院体制，関係者の事前協議

事前に，①病院長，健診センター長，各部署の長の了解，および，②担当者の理解と配慮を要請し，病院内全体の合意を取り付けた。最も重要な準備として，③障害者の家族，発達障害に詳しい教育関係者，福祉関係者，医療関係者が集まり，自閉症や知的障害の人が病院でうまく診察や検査ができにくいさまざまな状況を想定し，原因について分析を行い，方針と対策を検討した。自閉症や知的障害の人は，自分のおかれている状況が理解できにくいこと，見通しをもちにくいこと，感覚が過敏であること，病院で過去に失敗体験があることなどが主な原因・バリアとなっていることが推定された。まず，「自閉症や知的障害の障害特性に対するバリアフリー対策を可能な限り実行し，本人が安心して自主的に検査を受けることができるようにする」という根本的方針を確認した。

受診者への対応方法の大切なポイントを，以下の4点とした。
　①本人に状況，見通し，選択肢などをわかるように伝える。
　②環境の配慮，感覚過敏への配慮を行う。
　③本人が自発的に検査を受け，成功すること，達成することを目指す。
　④うまくいかないときは，無理強いせず，マイナス体験にならないように配慮する。

病院内の健診センターの職員，看護師，検査室（レントゲン，エコー，心電図，採血室，検眼室）の技師，受付職員等と検査方法の工夫等について繰り返し打ち合わせを行い，いろいろな状況を想定した対応法を準備した。

表3-1 心電図ができない理由と自閉症の障害特性

	代表的な障害の特性	
できない理由	理解・コミュニケーションが困難 新しいことが苦手	感覚過敏 不安感
初めての場所が怖い	◎	○
段取りが分からないので不安	◎	
四肢電極（クリップ形式）の触覚が嫌		◎
胸部電極（吸盤形式）の触覚が嫌		◎
段取りを忘れてしまう	◎	
何をされているのか分からず不安	◎	○
技師の白衣が怖い		◎
知らない人（技師）がいるのが不安	◎	○
いつ終わるか分からず，動いてしまう	◎	
支援の基本	説明やスケジュールを本人に分かるように示す	刺激を減らす 慣れさせる

＊ただし過去の検査で嫌な思いをしている場合は，対応がとても困難なことが多い

2．実施方法と対応の検討

1）困難さと障害特性

　検査ができない場合，その理由を列挙し，その元となっている障害特性とそれに合わせた対策を検討した。心電図検査を例として挙げる。

2）具体的な心電図検査の工夫

　事前には以下のような準備案が挙げられた。

　　・あらかじめ心電図検査室を見学する。
　　・他の人がモデルをしてみせる。
　　・写真，絵，ビデオなどで手順を説明する。
　　・あらかじめ技師に会っておく。もしくは技師の写真を見せておく。
　　・あらかじめ電極の実物（クリップ形，吸盤形）を使って練習を行い，触覚に慣れておく。
　　・アルコール綿で皮膚を拭くことも練習しておく。

表 3-2　受診者への具体的な工夫

```
1) 事前に本人・家族に送付したもの
   ①説明用ビデオ
   ②練習用グッズセット
       心電図用電極 4 種類
       腹部エコーのゼリー
         採血用駆血帯
         アルコール綿
         視力検査用（ランドルト環）
   ③練習用の説明書
   ④事前アンケート調査票（親，本人，支援者）
2) 健診当日の工夫
   ⑤マンツーマン対応
   ⑥検査の段取り説明めくり式カード
   ⑦検査スケジュール表
   ⑧おやつルーム
   ⑨暇つぶしグッズ
```

現場では以下のような対策案が挙げられた。
- 検査直前に，絵カードやスケジュールを見せて段取りを確認する。
- 電極を本人が見えるように取り付ける。
- 電極（クリップ形，吸盤形）と，ディスポーザブル電極の両方を用意。
- 技師が白衣を脱ぐ
- 終了時間を示す（時計，砂時計，数を数える，数字のカードを見せる）。
- 脱力できない，じっとしていられない，動いてしまう等の場合にも有効なことが多い。
- 検査台に寝るのが嫌な場合は，本人の就眠時のこだわりグッズ（ぬいぐるみや毛布など）を持参してもらう，座位で検査する，和室で布団を敷いて検査する。

3. 受診者への準備

受診者には 2 週間前に練習セットと説明書・ビデオを送付した。当日にも繰り返し段取りを伝えた。

第 3 章 人間ドックの実践 2

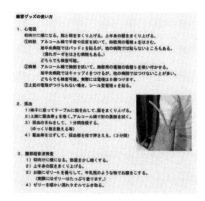

図 3-1 練習の説明書

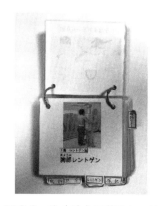

図 3-2 めくり式の説明カード

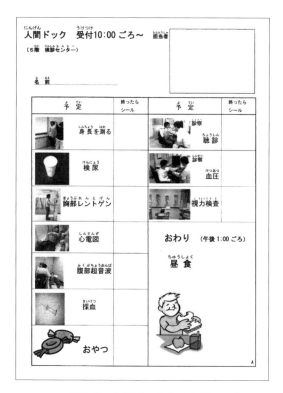

図 3-3 人間ドックのスケジュール

(図 1 〜 3 「医療機関における自閉症や知的障害のある人の支援．平成 16 年度〜 18 年度千葉県障害者の総合健康診断及び人間ドックを進めるモデル事業報告書」)

Ⅳ　結果と健康管理上の意義

1．検査の実施状況と満足度

　検査項目が完全に実施できたのは,受診23名中,身体計測23名,検尿23名,腹部超音波：上腹部23名, 下腹部8名, 胸部レントゲン23名, 採血20名, 心電図23名, 診察（聴診, 血圧）23名, 眼科検査（眼圧, 視力）23名。決して無理強いしない方針であったが, 結果的には, 採血を除いてほとんどすべての検査を実行することができた。事前の準備や当日のスケジュールの工夫により, 検査が成功したのみならず, 本人が自発的に検査に取り組むことができたため, 本人や家族は大きな達成感を感じることができた。

2．健康上の問題点

　いくつかの健康上の問題点が発見され,受診者の健康管理に有益であった。肥満, 体脂肪率高値, 肝酵素高値, コレステロール高値, 脂肪肝, 腹水, 右室伝導遅延, 非特異的ST-T変化, 心室性期外収縮（頻発）, 洞性頻脈, クレアチニン高値, 微量の蛋白尿, 視力低下等が発見された。一部は基礎疾患などに直接関連しており, 他の多くは生活習慣に起因すると推定される所見であった。検査結果は, かかりつけ医等へ報告され, 健康管理に活かされている。

Ⅴ　障害者人間ドックの実施，および，障害者への適切な医療提供を行うための課題

1．スタッフのマンパワーと余裕が必要

　受診当日は, 1名の受診者に対して, スタッフもしくは病院に登録しているボランティア1名が, 全行程（所要時間約2時間30分）にマンツーマンで付き添った。事後のスタッフへのアンケート調査ではマンパワーに余裕のある日に限って実施が可能ではないかとの意見があった。ボランティアは障害のあるなしにかかわらず, 患者の身になって, 診療の苦痛や不安を和らげ

るために大きな役割を果たそうとする意志を持っており，重要な人的資源となりうる。

2．支援スタッフの教育とボランティアへの教育

　健診センターのスタッフとボランティアに対して障害理解のための事前レクチャーを行った。内容は，ビデオやパソコン，参考書籍を用いた講義，および，具体的な対応について支援グッズを用いた実習，病院内各部署の検査担当者からのアドバイスをもらう。健診後スタッフからは事前の指導によりうまく支援することができたという意見と，現場での対応が大変難しかったという意見が混在していたが，2回目にはより適切な支援が可能であった。

3．費用と需要

　事前の準備や当日の付き添いに職員の労働力が必要で，病院にとってある程度の経済的負担になることは否定できない。しかし，障害特性や一人ひとりの個性に合わせた支援方法の開発が進むことにより，支援にかかる負担は少なくなっていくことが期待される。自閉症や知的障害のある人の場合，本人が自ら人間ドックの受診申し込みをすることは稀であり，家族が障害のある本人の健康管理をどの程度重要視するかは現時点では未知数だが，今後自己決定支援の高まりとともに人間ドックのニーズが高まる可能性はある。

4．医療レベル，倫理観の向上

　医療機関は，すべての受診者に対する適切なインフォームド・コンセントが求められている。自閉症や知的障害のある人に対して可能な限りのインフォームド・コンセントの努力を行い，より適切な医療を提供することは，他の多くの障害児者，脳卒中などの脳機能障害患者，認知症患者，さらには，高齢者，子ども，さらには一般の人にも大変役に立つ。また，相手の立場に立った看護，検査技師や放射線技師の技術の向上，職員全員の倫理観の向上などに好影響を与え，病院にとっても貴重な経験，財産とすることができる。職員教育的観点からも，障害者の医療に取り組むことは，病院にとって大きな利益になると考えられる。

5. 医療機関の社会的使命

　医療機関では自閉症や知的障害のある人に対する具体的なバリアフリー策が少しずつ蓄積されつつある。障害者人間ドック事業もその一例であり，障害のある人が受診しやすい医療機関が増えれば，健康管理の一助となるのみならず，障害者が住みよい地域づくりにも役立つことが期待される。地域でくらす自閉症や知的障害のある人にとって医療は重要な課題であり，地域の一般病院や開業医の果たすべき役割は大きい。障害者人間ドックの工夫や方法論が合理的配慮として医療機関で広く認識されることにより，障害者の医療セイフティーネットの構築に役立つ。

おわりに

　自閉症や知的障害がある人は，一人ひとりさまざまな特徴や個性があり，環境の変化にも弱いため，いつでも誰にでも通用する単一の方法は存在せず，どのような工夫をしても最初からうまく行く保障はない。ただ，視覚的な説明，スケジュールの説明の2つに心がけつつバリアフリーの工夫をしていくと，うまく行く確率が高まる。1つでもうまく行くと，患者さんからの信頼はとても高まる。そして，2回目からはスムーズに検査や処置を受けることができるようになる。自分で理解した処置を，自分の意志でやり遂げたときの患者さんの嬉しそうな顔を見ると，医師も，また工夫してみようという意欲が湧いてくる。まずは，初めの一歩をトライしていただくことを願う。

参考文献

医療機関における自閉症や知的障害のある人の支援．平成16年度〜18年度千葉県障害者の総合健康診断及び人間ドックを進めるモデル事業報告書．

第4章

人間ドックの実践 3
―― 医療と他分野の連携の現実

山脇かおり

　知的障害，特に自閉症・行動障害を合併する児・者とその家族・支援者にとって，医療受診への物理的・心理的障壁は残念ながら高い現状である。今回，知的障害児・者の医療受診環境整備を目指し，当事者家族・福祉・行政・医療・教育・消防（救急隊）が協働している事例を取り上げ，その7年余りの活動を紹介する。

I　発足までの経緯

　A市では，以前から知的障害児・者の家族より「当事者を取り巻く医療環境については厳しいものがある」との声があり，X－7年1月に具体的な医療に関するニーズや充足度などの現況を把握する目的で，"医療ニーズ調査PT（Project Team：プロジェクトチーム）"が発足。構成員は，知的障害児・自閉症児の保護者会，障害者協議会，障害者相談支援センター，市福祉課・地域包括支援センター，社会福祉協議会から参加した15名であった。

　現況把握のため，施設利用者や団体加入者380名を対象に，X－7年2月に医療ニーズ調査PTがアンケートを実施。主たる支援者は「母親」が77.8％であり，支援者の42.6％が何らかの健康不安を抱え，精神的疲労を有する割合も約半数（47.5％）にのぼった。また，家族内に他にも要介護者が存在する割合も24.6％である一方，近隣に支援を依頼できる者はいなかった。自由記載には「『医療機関や他患に迷惑をかけるかもしれない』と受診を躊

踏する」「市内医療機関で受診を断られた・市内医療機関の情報を持たない・専門医療機関を希望する等の理由で市外の医療機関に通院している」等あった。

これらの結果を受け，X−7年4月に"医療支援プロジェクト（PT）"に発展した。

Ⅱ　これまでの取り組み

アンケート結果を踏まえ，A市障害福祉計画に沿って，下記5項目に重点を置き取り組んできた。
・医療機関との連携強化（理解促進）
・教育委員会との連携強化（受診模擬訓練・実習等，児童の教育）
・当事者家族の意識改革（情報集約・準備，心理教育）
・医療受診手帳・絵カード等資材の開発・活用
・A市障害福祉計画策定への参画

発足4年目に市医師会（担当者は理事；小児科医）も加入。医師会の協力も得られた（前医師会長が社会福祉協議会長に就任。当事者の声や取り組みの詳細を聴き，医師会へ協力要請した）ことは，本PTの特徴である。

なお，PT発足当初，知的障がい児・者を広く対象としようとしたが，モデルとして主対象を教育・保健・福祉の各方面から連携・支援しやすい知的障がい児と想定し，「かかりつけ医」「健診」のシステム化を図る方針とした（もちろん，手帳利用については知的障害者にも勧奨している）。

〈具体的取り組〉

初年度からの2年間は，調査対象者・医療機関（医科・歯科）・看護学校・教育機関等へのアンケート結果報告会や，啓発用DVD（理念，学校検診での工夫等の紹介）作成を行った。現在も継続中。

3年目
・A市障害福祉計画策定への参画；「特別支援学校における医療受診模

擬訓練の実施」が明文化
・歯科医師会講演会「障害者の生活支援につながる歯科医療」開催
・知的障がい児・者医療支援実践計画の策定

4年目：共同募金配分金受給
・「知的障がい児・者の歯科医療を考える講演会」，「障がい者人間ドックを通じて知的障がい児・者の予防医療を考えるセミナー」開催
・医療支援手帳の作成開始
・12月より医師会がPTに参加，歯科医師・歯科衛生士，教育委員会との定期的懇談

5年目
・保護者向け「発達障害のある人の医療支援セミナー」，医師会学術講演会「発達障害児・者が安心して受診できる病院とは？～医療機関での合理的配慮～」開催
・「医療支援手帳」完成

6年目
1. 医療支援手帳の活用促進
(1) 手帳本体の配布
(2) ポスター製作・掲示
(3) 乳幼児健診，保育園・幼稚園での紹介
(4) 周知チラシの作成，配布
(5) マニュアル作成（現在も進行中）
2. 関係機関との連携
(1) 医師会：健診・診療受入れに関するアンケート配布。
(2) 教育委員会：PT会議へのオブザーバー参加継続，特別支援学校での歯科検診模擬訓練実施。

7年目

1. 医療支援手帳の活用促進
(1) 利用状況把握と再周知：特別支援学校在籍者の保護者を対象にアンケートを実施。対象者85名のうち回答者66名(78％)。「知っている」52名，「持っている」8名で，うち「活用している」のは1名のみ。「持っていない」58名全員に，チラシと共に手帳を配布。
(2) ポスター掲載情報の修正。
(3) 健康診断対応記録票（案）の作成：保護者より「医療受診の機会が少ないので受診時の子どもの反応や行動が分からない」との意見があり，学校健診受診時の各項目別の実施状況（実施の可否や対応時の工夫・配慮等）を記載し保護者に提供（手帳に記入し活用してもらう狙い）。
2. 関係機関との連携
(1) 教育委員会：上述の健康診断対応記録票（案）について協議。
(2) 医師会：医療機関側の受診受入れに関する不安軽減を目的に，受診支援資材「医療機関での対応」待合室編，診察室編を各々A4用紙1枚サイズで作成。当初は保護者主導で立案したが，個々の具体例の羅列かつ長文であり，医師より「多忙な外来では読んでいる時間がない。活用できない」と苦言を呈された。このため，相談支援事業所職員と事務局が，受診を妨げやすい障害特性（意味・状況理解や新奇場面の苦手を含めた「見通しのつけづらさ」と「感覚過敏」を中心に）について，視覚的に分かりやすい形態に改良。
(3) 消防本部：救急担当者がオブザーバー参加。当事者（児童）が救急車に慣れることを目的とした特別支援学校での救急車体験実習を開始。
3. 検討中の事項
(1) A市共通絵カードの作成：特別支援学校教員が，Droplet[注1]を活用して試験的に数セットを作成。当面は児童の医療機関受診時に貸し出す方針。

注1 コミュニケーションに障害を持つ人のために，図形シンボルとシンボル活用のウェブ・アプリケーションを提供する取り組み。活動は2008年に始まったもので，ツールの中には受診支援用のシンボルがある。droplet.ddo.jp 参照。

(2) 予算確保：今後，受診支援ツール作成・配布に際して新たな予算確保が必要。A市福祉課も参画しているが，公的予算は配分されていない。

III　考察

PTの重点項目に分けて考察する。

1.「医療機関・教育委員会との連携強化」
1）医師会・医療機関
健診医・かかりつけ医としての障害者受入れに関しては約8割の医師が「不安だが受け入れたい」と回答，特に「対応に不慣れ」「個室等の準備がない」「診療に時間を要するのではないか」といった意見があった。医療者の卒前・卒後教育に障害特性や対応を学ぶ機会が乏しく，受診受入れの可否は医師個々の裁量に任されており，受診者側もその「口コミ」を頼る現状である。障害者も全診療科を受診しうるため，医療者の卒前・卒後教育に障害特性と対応（プレパレーション（Preparation：子どもでも分かるように検査・処置などを前もって伝える）も含む）を学ぶ機会の導入や，特別支援学校訪問・模擬健診機会の制定，健康診断等に何らかの診療報酬加算を付与する等包括的施策が求められる。先行する好取り組み（濃厚な在宅医療を要する重度心身障碍児に関する医療ネットワーク，障害者歯科の対応等）も参照したい。不安の底には"未知なるものへの畏怖"が存在することが少なくない。当事者・家族と医療者の双方が"互いを知り慣れること"で，物理的・心理的障壁は軽減できると思われる。

2）教育委員会・特別支援学校
対象者のほぼ全数を把握できる義務教育年限での当事者・家族への健康教育は非常に重要で，恐怖感・誤解の軽減を図れ，将来の適正な受診行動の促進につながる。市障害福祉計画に「特別支援学校での受診模擬訓練の実施」が盛り込まれ，すでに，歯科の模擬訓練（複数回実施。診察器具や医師に徐々に触れ，最終的に受診に至る）や救急車体験実習を開始し成果を上げている。

また，健康で医療受診機会がない児も多く，保護者も「手帳に記入する情報がない」と困惑しやすいため，情報提供目的で健康診断対応記録票を準備中である。

3）消防本部

7年目より救急隊員がオブザーバー参加。救急対応時に有用なコミュニケーションボードや広域の救急情報登録システムに関する情報提供，特別支援学校への出張授業（救急隊乗車実習）など，実地での豊富な対応経験を元に具体的な助言・対応が得られている。

2.「当事者・家族の意識改革」

保護者は，かかりつけ医を望むもその困難さを痛感している。数少ない受診時に当事者が恐怖や情緒的混乱を呈したり，医療者から「何でじっとできないのか」「しつけが悪い」等と叱責された経験がある場合にはなおさらである。当事者・家族が主体的に適正な受診行動を選択できるよう知識や体験を提供し自己決定を支援することも合理的配慮である。小児期からの教育に加え，休業日に近医を見学する等医療者および設備に慣れておく取り組み・関係作りも望まれる。

3.「受診支援資材の開発・活用」

1）医療支援手帳

PTでの最も大きな成果物である。行政からの経済的支援はなく，共同募金助成金を獲得して作成。75頁からなり，障害特性，既往歴，受診時の工夫や配慮等，網羅的である。「煩雑」との声もあり，記載・活用マニュアルを準備中である。

平時の健康状態を把握し，不意の受診に備えることは重要である。しかし，親亡き後に情報を管理するのが何処かは懸念される課題である。

2）市内共通絵カード

受診支援絵カード作成もPTの念願であり，将来的に各関係機関に常備し

たい考えだが，現状では財源がなく頭を痛めている。

　地域共通の視覚支援ツールの存在は，当事者・支援者間のコミュニケーションを円滑にするだけでなく，地域住民全体における障害理解促進に寄与しうると考えられる。

Ⅳ　結論

　本 PT は画期的な取り組みであるが，関係各所内部での理解・協力度の差異，医療従事者の障害特性理解促進，当事者と医療との平時からの良好な関係の構築，総合的・横断的に企画・立案・運用できる人材の確保，予算面などさまざまな困難が浮き彫りとなった。行政・公的機関からの予算面での支援やシステム構築への介入が望まれる。

V

海外における福祉と医療の連携

第 1 章

イギリスにおける状況
―― 知的障害および自閉症スペクトラム障害のある人への医療と福祉・教育の連携

堀江まゆみ

はじめに

　医療的管理下における介護および日常的な世話が必要な行動障害を有する者の支援について，主にイギリスにおける知的障害および自閉症スペクトラム障害（ASD）のある人への医療受診支援と福祉・教育の連携を中心に述べる。

　知的障害や ASD をもつ人の一般的な健康支援やヘルスケアサービスはどのようにシステム化され，それがどのように評価されているか，ASD や知的障害をもつ人の健康を促進し，質の高いヘルスケアサービスを提供する機会はなにか，および，健康状態の維持に向けて，医療や福祉，教育のそれぞれの分野がどのような環境調整や合理的配慮を行っているかである。

I　知的障害等のある人の「通常の医療提供」および「特別な配慮の医療受診支援」

1．英国家庭医学会（RCGP）知的障害グループ

　英国家庭医学会（RCGP）は，英国におけるプライマリ・ケアに携わる GP（General Practitioners：家庭医，以下 GP）の団体として 1952 年に設立された。GP の人材育成，学会の開催，専門医認定試験の実施などを担い，

現在5万人を超える会員が登録されている。プライマリ・ケア（初期包括ケア）に係る医療制度の中で，中心的な役割を担っていた。

イギリスの厚生保健局（NHS）は初期ヘルスケア提供者としてGPを位置付けている。知的障害やASDをもつ人は地域のGPに登録されて，二次，第三のヘルスケアは通常，初期治療提供者と調整しながら働く。たとえば，追加の薬を処方するような場合も，薬物の処方を認可する前に，副作用や逆の作用をおこす可能性がないかをGPが確認するように伝えられることもある。

RCGPの中で，知的障害やASDの人たちの健康を支援する研究や実践を進めているのが，RCGPの知的障害グループである。イングランドにおける知的障害の人の健康とヘルスケアを増進する任務に従事する専門家のネットワークの代表であり，連携して研究，情報の普及，公共政策への提言に取り組んでいる。

なぜ知的障害やASDの人の健康診断が必要なのだろうか。

知的障害者は，一般人口に比べ健康状態が劣る場合が多いにもかかわらず，医療へのアクセスが十分に確保されているとはいえない。このことはいくつかの公的報告書でも指摘されている。中度から重度の知的障害者は，一般人口と比べて高率（3倍）で死亡している。知的障害者の，身体的，精神科的，行動上の問題の関連で，病気が見過ごされ，予防や治療が遅れてしまう可能性がある。現在，知的障害者のほとんどの病気は一般の健康診断で発見される。しかし，受診率は低く，さらに合併症が発見されても，追求が不十分である。

このために，知的障害GPグループは地域のGPの理解啓発を推進するために，『成人知的障害者に対してGPが質の高い健康診断を実施するための手引き』（Dr. ホートン監修のガイドブック）A step by step guide for GP practices : Annual Health Checks for People with a Learning Disability (http://www.rcgp.org.uk/learningdisabilities/) の作成と活用に積極的に関ってきた。成人知的障害者に対して，GPが質の高い健康診断を実施するための手引きとなっている（発行；Dr. マット・ホートン＆英国家庭医学会RCGP知的障害専門グループ）。

2. イギリスにおける障害のある人の施策と医療サービスやプログラムの発展

　RCGPは，医学生に対する知的障害に関するトレーニング要件やカリキュラム作成にも積極的であり，医療者のための知的障害の継続教育も提供している。学生が医師の資格を得るために合格しなければならない最終試験の質問の作成に携わっているメンバーもいる。

　知的障害やASD（以下ではLD（LD：英国では知的障害を指す）とする）の人のおおよそ50％程度がGPのヘルスチェックを受けている。地域によっては90％という高受診の地域もある。受診率が十分でない理由は，GPスタッフが経験不足からLDの人への対応に困難を感じていたり，通常の医療のために時間をとれないなどがある。

　RCGPでは毎年行われる健診を行う際に用いるstep-by-stepガイド（半構造化評価プロトコール[http://www.rcgp.org.uk/learningdisabilities/~/media/Files/CIRC/CIRC-76-80/CIRCA%20StepbyStepGuideforPracticesOctober%2010.ashx]）の出版を含む，知的障害の人のケアにおける最低限の基準を採用した。これには，いくつかの症候群に特異的な追加手順についても述べられており，これを利用することにより，よりよく実施できるというエビデンスがある。まず初めに，5分間は当事者と二人きりになり，「何が心配ですか」と聞くように勧めている。この最初の5分間は重要である。なぜなら，支援者がいると言えないこと（たとえば虐待など）の見逃しをしないためでもある。GPからは「本人が興奮してできない」など，さまざまな問い合わせがあるが，「LDが理解できるよう，今から行う医療の内容をわかりやすく説明をすること」，「その日がうまくいかないときは，改めて，日にちを変えて実施する」など工夫することを伝えている。もしそれでもだめならば，意思決定支援の手順を踏んで確かめる。最善の利益（best interest）は何かを探るための「5つの原則」に従って行われるケースもある（Mental Capacity Act2005, https://www. gov. uk/government/collections/mental-capacity-act-making-decisions）。ヘルスチェック終了時には，これからの計画がページにまとめて記載される。これがhealth action planになる。たとえば，この後，歯科受診すること，あるいは，より詳しい検査を受けること

など具体的な指示を内容として記載する。

3. イギリスにおいて LD の人の健康問題を改善しようとする動きの機会について

　「病院で亡くなる LD の避けられた死（avoidable death）」や，病院での虐待が報じられたことなどが，LD の人の健康問題を改善しようとする動きの分岐点となった。これをきっかけに，より改善しようとする政治的な動きが出てきた（NHS の病院で亡くなった 6 人の LD の事例；Mencap の報告）。それに引き続き人権委員会が調査した結果から，3 年後に PHE（Public Health England：英国公衆衛生庁）と the Centre for Disability Research（Lancaster 大学内）と，the National Development Team for Inclusion. の三団体で協同し，iHAL（Improving Health and Lives）チームが作られ，健康と福祉の情報を LD 関係者に提供する活動を続けて多くの情報が集積されている。

　「避けられた」とする定義が難しいが，LD の人が健康を壊すときの特徴として，支援者や住んでいる場所が変わると弱いといわれる（relocation syndrome）。「避けられた死」をどう予防できるのかは，死因を ICD-10 分類で統計処理するなど，さらに研究していかなければならない。プライマリー医療を担う GP よりも，二次医療機関の方がむしろ LD 診療が困難になりやすい。GP やソーシャルサポート看護師らは LD の人にあわせたテーラーメイドアレンジメントを行うが時間がかかる。地域には LD チームがあり，合理的な配慮について一緒に考えることができる。最近では GP も多職種のメンバーを集めたグループを作り，そのセンターとして機能するようになってきている。また，LD の有無による疾患の治癒率の違いなどのデータをもとに，政府に働きかけている。

Ⅱ　グレート・オーモンド・ストリート小児病院での優れた取り組み

1．病院における「知的障害等のある人への特別な配慮」の提供の必要性

　1852年設立のイギリスで最古の小児病院である。小児科医療の研究拠点であり，ロンドン大学児童保健研究所（University College London Institute of Child Health）とパートナーシップの下，小児期の疾病の新しくより良い治療法の発見・研究を行っている。

　GOSH（Great Ormond Street Hospital Children's Charity）では，知的障害・発達障害のある子どもの手術等の医療受診に対し，特別な環境と配慮が徹底して行われていた。これにはジム・ブレア氏（知的障害専門看護師病院コンサルタント）の実践の果たした役割が大きい。ガーディアン紙（2012.2.14）では彼の功績が以下のように紹介されていた。

　　「ジム・ブレアは，知的障害のある患者のケアの改善と，ケアの継続性の確保を訴えている。イギリスに知的障害者は150万人いる。しかし人々の意識は，彼らをマイノリティとみなしている。しかし，ジム・ブレア氏はこの考えに警鐘を鳴らす。知的障害者は，一般の人より病院に行くことが多く，ケアの改善の必要性は，いくつかの報告書でも指摘されている。そのひとつは，メンキャップ（Mencap：英国の慈善事業団体（知的障害などを対象とする））報告書での「無関心によってもたらされた死」Death By Indifference（2007）である。この報告書は，広く注目され，こうした問題を改善する動きにつながっている。ジム・ブレア氏はこの考えを一歩進めて，"patient passport"（知的障害のある患者の重要な情報に，直ちにアクセスできるシステム）を推進している。また，シンプルなことであるが，病院では当事者および保護者の話をよく聞くことがいちばん重要であると指摘している。さらに次が必要であることを述べている。1）診察時間を長くする，2）入院前手続き遵守，3）合理的配慮，4）医者と病院スタッフの連携，5）看護師のトレーニング，

6）ベッドの確保，7）退院後の安全確保ができるまで入院を延長することであると啓発している」。

2．GOSH における知的障害や ASD の子どもへの医療受診の特別な環境と配慮

　GOSH では，知的障害・発達障害のある子どもの手術等の医療受診に対し，特別な環境と配慮が徹底して行われていたが，そのきっかけになったのは以下のような出来事であった。

　2014 年 9 月，知的障害のある子どもが外傷で受診し，当初外来での治療を行おうとしていたが，本児が強く抵抗したため，全身麻酔下での治療が必要と判断された。この対応が急きょセッティングされたため，その日予定されていた他 9 件の手術がキャンセルになった。結果として病院側が人件費や手術費など多大な損失を被ることとなった。あらかじめそういった治療が必要な子どもを抽出し，アセスメントし，病院の手術全体を調整（予定だけでなく対応法などもふくめ）することのできる人材がいれば，同様の事例が再発することを予防できることと経済的なメリットがあると考えた。このために，院内では以下のような，知的障害のある子どもに対する特別な環境と配慮が整備されていた。

1）麻酔プレアセスメント・クリニック

　日本でいえば予診外来に相当する。手術目的で外来初診した子どもとその保護者はこの外来に向かう。ここでは，まず初めにアセスメントシートを記入する。「あなたのお子さんは 35 週未満で生まれましたか」「神経・耳・眼・内分泌で問題は？」などの全 45 の質問事項がある。この中に「あなたのお子さんには知的障害がありますか」という項目があり，この項目にチェックがつくと，病院のデータベースにフラグがつき，特別な配慮が必要であるということがどの部署でもわかるように登録される。問診は個室で行われ病気の子どもをあきさせない，リラックスさせ気を紛らわせるための工夫がされている。術前の検査機器が置かれた部屋は，照明を落とし，スヌーズレンが設置されるなどの環境的配慮が充実していた。

2)「ホスピタル・パスポート」

ホスピタル・パスポート（Hospital Passport）は，医療的な介入をするときには必ず確認すべき事項を記入できる小冊子（8ページ）である。赤・黄・緑のマークがついている。〔赤色〕のページは，問診しておきたい医学的重要事項，〔黄色〕のページにはコミュニケーション方法と日常生活動作（ADL），〔緑〕のページには好き嫌いを書き込めるようになっており，最後にヘルプが必要なときは，地域知的障害支援チーム（Community Learning Disability Team）にアクセスするようにと，連絡先が書いてある。この「ホスピタル・パスポート」は，各自自宅に持ち帰り記入し，医療機関にかかるときにそれを提出し，退院するときにはまた本人に返されるという仕組みである。

3）麻酔導入室

この部屋の前室にあるプレイルームには「プレイセラピスト」が常駐していて子どもたちとあそぶ。個室では再度本人と家族に同意を確かめておく。緊張させないためのスヌーズレンの環境や，マカトン法（Makaton Method：手話法をルーツにしたコミュニケーションプログラム。言葉や知的発達に遅れのある人の対話法）を使った歌ビデオなどで子どもの気持ちを楽しませる工夫がある。特に重要なことは，麻酔処理の直前まで入室を早めないなど，待ち時間を可能な限り短くする工夫であった。こうした障害のある子どもへの対応の方法は，全員の看護師や医療スタッフが院内で定期的にトレーニングを受けている。

4）GOSHで取り組みの合理的配慮としての優れた特徴

知的障害の子どもが受けるヘルスケアサービスそのものに変更はないが，支援の提供の仕方や，いくつかのケースでは支援を提供する環境を変えた。また組織がより効果的に有効に機能するために，知的障害の子どもに対しても強いられる手順やプロトコールを変えた。特に知的障害やASDの子どもにとって親しみやすいように再構造化された環境を整えた。たとえば，手術前の検査室は子ども達の気がまぎれたり，落ち着いたりするように感覚刺激

のある道具を備えて改装されたり，光の強さを簡単に調節できるような電灯が用いられたり，子どもに優しい壁画が窓のない壁にとって代わったりした。

　新しい手順やプロトコールは，これまでの病院のうち家族や子どもにとって「使いにくさ」がある環境から手がけられた。たとえば，家族は最初に病院に到着すると，ポケットベルを渡され，医療の支援をうける順番が来るまでに，カフェや車，外を歩いたりしていてもよいようになっている。この手順によって，子どもが待機室で長時間，待たされるということが少なくなり，最小化された。

　また，予備診察時に，「知的障害がある」と保護者がチェックを付けたり，あるいはスタッフが把握したケースでは，病院カルテ上で「特別な支援を要する子どもである」とスタッフがすぐにわかるようなマークが表示されるようになっている。子どもと関わる上で必要な情報はホスピタル・パスポートに集約され，子どもの記録の一部となる。特に訓練されたスタッフが，子どもの問題となる行動のリスクやストレス反応を評価するために，数週間にわたって関わり，問題行動を最小化するための計画を立てることに役立てるのである。

Ⅲ　権利擁護としての医療受診支援とその特徴

1.「地域サービス」提供機関における医療受診支援
　　──英国自閉症協会（NAS：National Autistic Society）

　NASロンドン南部地域＆サリー州（The National Autistic Society Surrey Adult and Community Services）の利用者はGPや専門医を利用して健康維持を図っている。特にホスピタル・パスポートは重要なツールである。本人の健康について重要なこと，好きなこと，嫌いなことなど親といっしょに作成する。多くのプロトコールが，医療ケアの状況に関する重要な情報を関係機関とやりとりできるように作られている。ホスピタル・パスポートはその一例で，利用者の受診に先立ってヘルスケア提供者に提示される重要な情報が書かれている。Health Action Plan（健康行動計画）は質の高いヘルスケアの提供を改善している。

2.「権利擁護」支援として医療受診支援に関与する機関
──POhWER（People of Hertsvilleshire Want Equal Rights）；イギリスにおけるアドボカシー団体

1996年，慈善団体（charity organization）として設立した。POhWERの名前は，「People of Hertfordshire Want Equal Rights」というスローガンからきている。提供しているサービスは，主にIMCAサービス[注1]，IMHAサービス，ケア法によるアドボカシー，NHS苦情申し立て，コミュニティ・アドボカシー（地域に住む知的障害のある人々が対象）の5種類である。

POhWERにおける知的障害のある成人に提供するアドボカシーにおいて，健康に関連することは約6割くらいで，健康とウェルビーイングの問題に直結している。POhWERは，ハートフォードシャー州の自治体と協力し，「パーソナルヘルス・アクションプラン」（Personal Health Action Plan）のフォーマットを作成した。コミュニケーションのスタイルを工夫することで，本人が自分の健康維持に関われるようにするという方向で関わった。

1)「パーソナルヘルス・アクションプラン（Personal Health Action Plan）」

英国保健省（Department of Health）が知的障害者の健康を守るために推奨する取り組み，Healthcare for People with Learning Disabilitiesの一環であり，知的障害のある本人が，自分の健康維持について理解し，関与できるようにするためのものである。ハートフォードシャー州では，紫色のフォルダーに自分の健康情報をわかりやすく記録しておく。通称Purple Folderと呼ばれており，自宅に保管し，医者にかかるときに，本人が持参する。絵がふんだんに使ってあり，内容は，「年次健康診断は済ませたか」「眼科，耳鼻科，歯科などのチェックはしているか」，「慢性病の管理はきちんとされてい

注1 イギリス2005年意思決定能力法（The Mental Capacity Act）において，本人が意思決定能力を失っていて同意できない状態にあり，かつ，本人の意思決定を支援したり本人の意思や利益を代弁してくれる家族や友人がない場合，そうした人々の権利擁護のため，「第三者代弁人 IMCA（Independent Medical Capacity Advocate)」サービスが用意されている。
同様に，MHA（精神保健法　The Mental Health Act）で利用できる第三者代弁人（アドボケイト）は，IMHA（Independent Mental Health Advocate）である。

るか」など具体的な記録である。コミュニケーションの方法の欄もあり、その人のコミュニケーション方法は何がベストか、絵や写真を使うのがよいのか、シンボルか、手話か、どんな手がかりが助けになるのかなどを記載する。これを知ることで医者や看護師も、本人と効果的にコミュニケーションをとる準備ができる。

感覚過敏があるのか、何をされると嫌なのかの欄もあり、医療機関は、何が問題行動のトリガーになるのか、検査するときにどんな配慮が必要かなど、前もって計画できる。フォルダーの作成は、親や支援者とともにアドボケートがサポートする。言葉が限られている人にどんなコミュニケーションの支援をするのがよいか、1日のいつ調子がいいか、午前は薬の作用で眠いかもしれないなど。

このほかにも、GPで診察を受けるとき、本人が到着する前に、医者や看護師などと個別に短時間のミーティングをもち、本人を迎える準備をすることもある。

2) 医者に「このような障害のある人は診ることはできない」と診療拒否をされた場合、どう対応するか？

医者による診療拒否は、困ったことではあるが実はよくある。権利擁護の支援では、患者の立場に立っていちど立ち止まって皆で考える手続きが大事ということである。

3) POhWERが権利擁護をした後、さらに医者が診療拒否したらどうなるか？

医療機関は「ケアの質調査委員会」（CQC）の監査があり、その結果は公表される。もし手続きを守っていないならば、該当医療者は重大な処分を受けるシステムになっている。

4) POhWERは、病院に対してMCAのトレーニングを行っているか？

病院の新人研修では、POhWERでのアドボカシー（Adovocacy）実践について話し、本人の権利が最優先であることをわかってもらう。POhWERの

仕事は，自分で言えない人の権利を守ることだ。専門家がいつのタイミングでアドボケートに紹介すべきかなど，プロセスを理解する研修が必要である。

5）POhWERにおける医療受診支援の取り組みと課題

　イギリスにおいては，知的障害をもつ人が初期診療を受けるためには，まず地域のGPに登録しなければならない。すべての知的障害をもつ人は，個人のHealth Action Plan（健康行動計画）をもっており，それは義務ではないがベストプラクティスと考えられる（ケースによっては，子どもの利用者の親が子どもの権利擁護者とは別に自身の権利擁護者をもつこともある）。POhWERなど権利擁護の支援者は，個人の健康行動計画の立案や実施を援助する。特に言語的なコミュニケーションに障害のある場合は，言葉によらず，非言語的な行動に特に丁寧に注目し，アセスメントを行う。また，言語的なコミュニケーションが困難な相談者（サービス利用者）のために，代替となる方法を開発することに注力する。たとえば，「コミュニケーションパスポート」は相談者とヘルスケア提供者の間のより良いコミュニケーションを促進するツールの例である。

Ⅳ　イギリスにおける医療受診支援システムに関するまとめ

　イギリスにおける知的障害のある人への医療受診支援を中心にシステムおよび特徴を紹介した。街の中のかかりつけ医は，わが国でも知的障害やASDの人の医療受診支援に重要な人材であり必要な実践である。今後も政策としての取り組みやエビデンスベースでの障害理解が進められることを期待したい。

　また，イギリスにおけるアドボカシー団体であるPOhWERが，一人ひとりの医療受診にも深くかかわっていることはぜひこれからも注目していきたい。わが国においても意思決定支援や権利擁護の実践が始まるなか，アドボカシー団体が医療受診支援の監視やコーディネート機能として関与することは，今後，より効果的な社会的影響をもたらすと考える。今後の課題である。

第 2 章

デンマークにおける状況
―― 知的障害および自閉症スペクトラム障害の
　　ある人への医療と福祉・教育の連携

堀江まゆみ

はじめに

　日本における知的障害や自閉症スペクトラム障害（以下，ASD）のある人の健康やヘルスケアに関しては，特に不平等で弱い立場にある。ここでは，デンマークにおける知的障害およびASDのある人への医療受診支援と福祉・教育の連携を中心にその実態を述べることにする。
　デンマークにおける知的障害やASDをもつ人の一般的な健康の支援はどのようになされているか，また現在利用できるヘルスケアサービスはどのようにシステム化され，それがどのように評価されているのであろうか。

I　デンマークにおける知的障害のある人への
　　　　健康維持および医療受診支援

　デンマークにおける医療サービスや医療受診支援のシステムに関して，3つの機能に分けてみていくことにする。

1.〔福祉―制度政策〕オーフス市の障害者福祉
――「家族・児童・若者福祉」を中心に，市民社会の一員として自己実現できることを願って

　デンマークは公的支援の制度が整備され，税金を財源として一人ひとりのニーズに基づいた広範な公的福祉サービスを無料で提供している。オーフス・コムーネ（市）の障害者福祉政策を，以下，家族・児童・若者に焦点をあてて具体的に述べる。

　デンマークには5つのレギオン（region：州）と98のコムーネ（kommune：市町村）がある。地方分権の制度のもとに，社会サービスについての決定・提供責任はコムーネにある。オーフス・コムーネ（Aarhus Kommune）の人口は約30万人である。

　オーフス市が掲げるスローガンは，「オーフス，誰にとってもよいまち」である。オーフス市の障害者福祉のビジョンもこのスローガンを反映している。障害の有無にかかわらず，オーフス市民は誰でも自己の人生は自分で責任をもって選択し，自己の能力を可能な限り発揮すべきである。そして，そうしたことに対しての支援が必要な人に対しては，ニーズに応じた支援を提供する。

　「誰にとってもよいまち」となるように，イノベーション，シチズンシップ，ダイバーシティを重要視している。ここでいう「イノベーション」の意味は，革新的な取り組みや新しい考え方を歓迎すること，「シチズンシップ」は市民として他人を尊重し，個人の権利と責任のもとに自分の役割を果たすこと，「ダイバーシティ」は人種・文化，価値観などの多様性を受け入れることである。

　また障害者福祉の考え方は時代に合わせて変わってきている。15年くらい前までは，障害のある人の前を歩いていた（Walk ahead）。5年くらい前までは，いっしょに歩くようになった（Walk beside）。現在は，後ろから付いて歩く（Walk behind），という考え方となっている。「後ろから付いて歩く」というのは次の意味である。誰でも，その人の考えがあり，価値観や夢がある。その人が主人公となり，自ら自分の価値観や夢を追求し自己実現することが，「よい人生」であり，オーフス市はそのための支援を行う。

オーフス市社会福祉局は3つの部門のうちの「家族・児童・若者福祉部」が管轄し，支援を提供する「スペシャル・ニーズ・センター」がある。特別な支援が必要な子どもや若者その家族を対象としており，さまざまなプログラムを実施している。現在支援を受けている人数は合計約400名である。対象の子どもと若者の内訳は，ほぼ半数がASD，約3分の1が知的障害である。
　3つの居住施設，3つのレスパイト施設があり，また親へのカウンセリングやエンパワーメント，e-ラーニングなどのプログラムも実施している。スペシャル・ニーズ・センターに定員はなく，必要な人に対して提供している。しかし，支援の必要な対象は年々増加しており財源の問題もある。
　オーフス市は予防的支援を重視し，支援の必要性とその対象となる人数を「予防の三角形」で表している。一番人数の多い群は「一般的な社会福祉サービスで対応可能な人たち」，次に「一般的な支援を必要とする人たち」，その次に「特別な支援が必要な人たち」の群である。予防的な支援をすることにより，「特別な支援が必要な人たち」の減少を図ることを施策として進めている。

2．〔福祉─居住支援〕──自閉症者の居住施設Hoejtoft

　ここでは地域での居住支援であるHoejtoftを見てみる。1975年にスカンジナビアで初めて作られた自閉症者のためのグループホームであり，自閉症者の親の会の働きかけによって作られ運営は民間である。10人の利用者で始めたが，現在は，8人の一軒家と16人利用のアパート形式の居住場所に分かれており，普通の家に見えるように心がけている。
　入所当初は，木の柱を壊わすぐらいの行動障害のある利用者，あるいは医療的な治療が必要な行動障害のある利用者もいたが，現在はほとんどの人が落ち着いている。それには，職員の考え方の変化が大きく影響している。以前は同じ箱の中に暮らし同じことを考えていると思っていたが今は違う。個人は個人で考え方に違いがあり，同じものではないと考えている。以前は利用者の声を聞きもしないで支援者がこうすべきと考えたが，今は違う。利用者一人ひとりの考え方に違いがあること，およびその違いを十分職員が分かるようになってきた。行動障害とは，環境の不十分さや支援者の対応のまず

さで二次的に起こるものと考えている。ここ数年の間に、この考え方が浸透してきて職員の支援の質がかなり変わった。支援がしっかりしていれば二次障害としての行動障害は問題にはならない。

居住施設に看護師が常駐することはなく、地域住民と同じ方法の受診形態である一般的な家庭医（GP）や病院を利用している。病院受診時には、職員が付き添いをする。病院に入院になった時も職員が付き添う。病院には介護などもあるが、知的障害やASDのある利用者のことを知っているとは限らないので、本職員が付き添う必要がある。病院等で入院期間が長くなり職員が付き添うことが困難となり、途中退院し居住スペースで亡くなった人もいる。付き添いがいかに大事であるかを考えている。

3.〔福祉―居住支援〕
――高齢期に向かう自閉症者のための住宅 SAU Hinnerup

シニアーズ・ハウスはデンマークからの新しい提案であった。SAU Hinnerup は、「中央ユラン・レギオン」（Region Midtjylland）が運営する高齢期に向かう自閉症者に特化した、家ごとの移動・間取りの調整ができる住宅であり、最新の注目すべき取り組みである。自閉症の人は引っ越しなどで新しい家になり住居の環境変化が起こることで落ち着かなくなることが少なくないため、住居ごと移動するという発想で作られれた。SAU Hinnerup「シニアーズ・ハウス」（Seniors House）は家ごと移動・間取りの調整ができる新しい居住プロジェクトである。

ASD のある人が、健全を保ち、成長でき、人と関われるようになるためには、住環境が非常に大事である。「AT Home」は、ASD の成人のための、家ごと移動・間取りの調整ができる住宅である。たとえばトラックに乗せて引っ越したり、間取りの増減や壁や窓の位置を選べ、ライフステージに合わせて、後で変更することもできる。

国連障害者権利条約の第19条、インクルージョンについての条文は、「障害のある人が、他の者との平等を基礎として、居住地及びどこで誰と生活するかを選択する機会を有すること、並びに特定の生活様式で生活するよう義務づけられないこと」としている。

ASDのある人がその認知特性や合併する精神疾患のために，住むところを制限されてしまうことがある。このことは上記の条文に反することとなる。地域での暮らしが難しいASDの人々が地域で社会生活できるように，「離れていっしょに住む」Apart Together という観点で，「AT Home」は開発された。

「AT Home」がターゲットとするのは，特に以下の4つのグループのASDの人々である。

①　音や光の過敏さがあるため一人で暮らしたい人
②　ペットと暮らしたい人
③　次のステップに進むための練習の家としたい人
④　実家の裏庭の「離れ」として暮らしたい人

「AT Home」開発に際しては，他のすべての住宅プロジェクト同様，当事者と家族の意見を聞いている。

たとえば個人のユニットは，玄関の前に，壁にへこみがあるベンチが設置されていた。外に出る前のトランジション・ゾーンとしてここで気持ちの切り替えができるということだった。玄関の内側にもトランジション・ゾーンがある。窓の位置も本人が決めることができる。一人の利用者は共通スペースを望む窓を低い位置に配置していた。外で何が起こっているか見るためには，しゃがんで窓から覗くことになり，そのことで「好奇心がそそられ」，外に出るモチベーションとなるとのことだった。実際に私たちも好奇心がそそられ，入れ替わり立ち代わりかがんで窓から外を覗いて外をうかがった。

高齢期の自閉症についての研究はまだほとんどない。彼らはどのようにライフステージの変化に対処し，QOLを維持していけるのか。シニアーズ・ハウスは，高齢自閉症者の観察に基づいて設計されている。たとえば加齢により生活に困難な部分が出てくる。より広い場所に対応できなくなる。目が悪くなり予定などの視覚的な提示が見えずらくなり，変化への対応がより困難となる。動きのペースが遅くなり，周囲に合わせた活動の参加ができなくなり，周囲から孤立化しがちとなるなどで，そのため，加齢に配慮したよりいっそうの個別化が必要となる。

4.〔福祉―日中支援〕――デンマークで最も歴史のある福祉作業所 SOVI

　SOVI は当初親たちが立ち上げた作業所である。現在この作業所には，重度の自閉症の人や，他の精神疾患を抱えている自閉症の人々が通っている。いまは作業の習得だけではなく，職場開拓や，いくつかの形態の就労支援も行っている。たとえば，ジョブクルーとして，スーパーマーケットでの品出しなどの仕事を請け負っている。

　また，SOVI では成人期に自閉症と診断された ASD の人々に対しての支援も行っている。内容はメンタリングおよび心理教育で，本人が自閉症によりもたらされる困難を理解し，強みを活かせる仕事に就くことができるようにするためである。作業場では TEACCH をはじめとするさまざまな個別化された自閉症の専門的支援がとりいれられていた。

・Scan HOW
　情報の入力された QR コードを利用者がスマートフォンで読み込んで作業の手順を把握する。絵カードや手順カードの代わりとなるということだ。

・移動できる個別パーティション・デスク
　三方が囲まれたパーティション・デスクは，周囲の気が散る要素から遮断され集中できる。各人が自分の好みの雑誌や CD を置いたり，すっきりと予定だけ提示している人もいてさまざまであった。また車輪がついていて別の場所に移動できる仕ようなので，休み時間は休憩エリアに移動してくつろぐなど，いろいろな使い方ができる。

　SOVI の方針は，利用者とスタッフとが高め合い，その人に適した新たな仕事を学び成長するということだそうである。スタッフは利用者を対等な立場で，同僚（co-worker）と呼んでいるのが印象的だった。全体の見学を通して感じたことは，障害のあるなしにかかわらず，一人の人間として育てていこうとする姿勢である。

5.〔教育―学校〕――自閉症と重度 ADHD の若者の学校 STU4

　STU はデンマークの教育体系で「青年期の特別支援教育」（Specially planned youth education）と位置づけられている。2007 年の法律改正を受けてスタートした組織である。18 歳～21 歳の若者に 3 年間の教育を行う。

目的は，それぞれの若者の個人の成長，そしてできるだけ自立した大人になり，社会に積極的に参加する活動的な人生（active life）を目指しているとしている。

「Lyngaskolen STU4」では，①自立した大人になるという目的のため，「学科指導」「社会スキル」「家事スキル」，OCN（Open College Network），「インターンシップ」「シチズンシップ」「若者から大人への移行」，ITを行っていた。いずれも一人で社会人として暮らす上で必要なものが，非常に実践的な内容で組み立てられている。②自己決定の尊重。自己決定が難しい生徒でも，本人が同意した場合のみ親が参加を認められる。③「社会スキル」では，公の場でのふるまい方を学ぶ。職場，インターンシップその他，他人と一緒の公の場所でどう振る舞うかを学ぶ科目でる。自閉症の人たちが苦手な，今何をすれば良いのか，どう過ごせば良いのかを理解させるために，毎週水曜日に校外活動が行われ，実際にショッピング・モール，映画館，カフェ，文化的な活動，博物館，伝統的な建造物などの訪問や利用，森の中の散歩，各種の買い物など，街の中のあらゆる場所を体験させ，そこでどう過ごせば良いのか，何をすれば良いのかを実地で指導・訓練している。変化の苦手な人のために事前にスケジュールや内容を紙やパソコンの情報で伝える配慮もなされている。④「家事スキル」自立した暮らしができるように，一人で暮らすための調理，買い物，経済，掃除，身の回りの衛生，洗濯などの技術を校内の本物の施設を使って学ぶ。

これらを徹底した個別的対応で実施することで，行動障害や問題行動が軽減される効果が得られていた。

6. 自閉症とPDAの子どもの学校
——スターフィッシュ・スクール（Starfish school）

生徒一人に対し個別の教室があり，教師も個別で対応している。授業は生徒の興味関心に合わせた内容となっており，アニメが好きな生徒の場合には学習にアニメのキャラクターを取り入れる等の生徒の個別性に合わせた工夫を行っている。不安の強い生徒が愛犬と一緒に登校するケースもある。またSI（感覚統合）室があり週に2回，作業療法士によるセッションを行ってい

る（時間は生徒によって異なるが1回につき8～55分間である）。生徒の中には非常に不安が強く，スムーズに学校へ来ることが難しい子どもも含まれている。そのような場合はスタッフが生徒の家へ訪問し，関係性を築くところから始めなければならない。コペンハーゲンの人口は現在約100万人，その内 ASD, ADHD 等の発達障害の方は約3,000人と言われている。さらに，その中でも対応が難しいと言われる方は約200人と言われている。この中には，PDA（pathological demand avoidance：病理的要求回避症候群）といわれる人も含まれる。子どもが不登校になり，さらに子どもの不安が強いなど本人の状態が悪く，親が仕事へ行けなくなるなどの状況になると社会的損失は大きい。そのため早い段階で介入する必要があり，早期に介入することで経済的負担を抑えることができる。

本学校では，丁寧な個別の支援計画の作成と徹底した個別の環境における支援を実施しており，これにより重度な問題行動や行動障害を有していた子どもも落ち着きを取り戻し，安定した学校生活を送ることができていた。こうした環境調整や一人ひとりの障害特性に合わせた合理的配慮を早期に実施することがいかに重要であるかが明らかであった。

Ⅱ　新たな ASD をめぐる支援課題

近年，新しい社会的な問題として指摘されてきているのが，「適切な支援を受けられなかったために不登校や引きこもりになる ASD の実態と支援課題」や「ASD と確定診断に至らないが就労にうまく適応できない，あるいは離職後サポートされてもなかなか再就労できない一群へのアセスメントとアプローチ」である。

1. オーフス大学のローリッセン博士らの調査

適切な支援を受けられなかったために不登校や引きこもりになる ASD の実態と支援課題について大規模な調査を行った。その結果，就労状況をアウトカムとした場合に，知的障害の有無にかかわらず義務教育中，早期から ASD 特性への理解とそれを踏まえた特別支援を受けていた者の方が予後が

良いことが明らかであった。支援なしで一般就労している者もいた一方で，日中の所属のない者は，支援のないまま義務教育を修了していた者の割合が高く，ASD症状や問題行動の割合・精神科的合併症の割合が高かった。これが，二次障害が深刻化したためなのかどうかは非常に興味深いところである。また，「所属なし」に陥った理由として，日本ではASD特性自体よりも対人関係・コミュニケーションの障害に由来することが多いと考えられているが，これらについては今後詳細を研究するとのことであった。

2．システマイザー（Systemizer）

　ASDと確定診断に至らないが就労にうまく適応できない，あるいは離職後サポートされてもなかなか再就労できない一群が存在する。このような当事者は，システム化する能力には長けているものの，共感性の乏しさや感覚過敏・対人関係・過敏さから就労環境に適応できないと推定される。このようなプロフィールをもつ者をsystemizerと定義し，当事者を支援する目的で，Systemizer profile Questionaire（SPQ）がデンマークのキアステン・カールセンとピーター・ダイヤー氏により開発された。この結果に基づき，有資格のコンサルタントが各質問項目の回答内容を詳細に分析し個別の詳細なプロフィールを作成し解説を行い，その後10回の個別支援セッションがなされる。コーチングとカウンセリングの技法を駆使しながら認知的に場面理解・感情理解，対人関係や感覚過敏についての特性理解，ソーシャルスキル，有効な対処行動を学ぶ内容で，毎回実践課題も提示されるため1〜2週毎に行われる。修了者の評価としては3分の1が「人生が変わった（大いに役立った）」，約3分の1が「役だったが，元々自分でも対処していた」，残りは「よくわからなかった」である。これは，当事者側の来所経緯や参加姿勢（主体的な動機づけの有無）に依拠していると判断している。

　特に，女性を中心としたいわゆる"閾値下"とされて合理的配慮や支援を受けられないまま社会適応できずにいるケースにおいて，当事者自身・家族の特性理解，システム化できる強みを活かしつつ環境を含めた合理的配慮・支援を考慮できる点で，思春期以降の年齢層の不登校・引きこもり者への支援，また就労支援・産業メンタルヘルス領域で有用ではないかと思われた。

まとめ

　デンマークの知的障害およびASDがあり行動障害を有する人の支援としては，ICF（国際機能分類）における「健康」状態の達成が共通の目標となっていた。生き生き暮らす，それぞれの楽しみを尊重しながら，暮らしの中の「健康」状態を作り出す。そのために，医療サービスの提供，福祉実践，教育においてそれぞれに環境調整や合理的配慮が徹底して実施されていた。結果として，デンマークでは近年数年間で，強度な行動障害のある人が減少していることも言及された。

　また，今回の調査においては，オーフス大学保健医療科学院のローリッセン准教授らの調査から，適切な支援を受けられなかったために不登校や引きこもりになるASDの実態と支援課題が指摘された。ASD特性への気づきが早期からあり，教育や支援を受ける機会が早かった人ほど社会適応が良好であることが明らかにされた。同時に，早期からの教育や支援が受けられず，不登校や引きこもりの状態にあるASDの実態把握がさらに必要であることも指摘されていた。

　さらにピーター・ダイヤー氏によるシステマイザー研究から，ASDと確定診断に至らないが就労にうまく適応できない，あるいは離職後サポートされてもなかなか再就労できない一群へのアセスメントとアプローチも課題であることが言及された。SPQによるアセスメントをもとに個別支援セッションを行い，一定の効果を得てきている。今後も引き続き，こうした新しい課題へのリサーチが重要であると思われた。

　医療サービスの提供については，一般市民が利用する医療システムを円滑に活用することで，健康の維持が進められていた。特に，暮らしの中の「健康」状態を作り出すために，〔福祉における居住支援・日中支援〕，および〔教育実践〕において，環境調整や合理的配慮のもとに徹底した個別支援が実施されていた。結果としてデンマークでは近年数年間で，強度な行動障害のある人が減少していることも言及された。

参考文献

池田あゆみ・谷将之,他(2014)アスペルガー障害における共感指数(EQ)とシステム化指数(SQ). 精神医学,56(2);133-141.

VI

福祉と医療の連携における方向性

第1章
医療から

内山登紀夫

はじめに

　筆者のテーマは医療からみた福祉との連携の方向性である。本書では綿密な調査に基づいた報告が他の章でなされている。本章では，それらの調査結果を踏まえたうえで筆者の臨床経験から福祉と医療の連携における方向性について考えてみたい。

I　医療ができること

　発達障害に対して医療ができることは，診断，発達障害の行動特性について医学的側面からの解釈と助言，合併精神障害の治療，いわゆる問題行動への対症療法的アプローチだろう。医療は万能でもなければ，薬を使うことでもない。発達障害の医療では薬物が著効を示すことはすくない。また，治療によって治癒する障害でもない。したがって，本書で今井が述べているように精神科医の役割は専門家として必要な情報を提供しつつ本人と家族を言葉によって支えることが中心となる。

II　診断に関するもの

1. 診断

　現在の日本では診断は医師にしかできない。知的障害や自閉症スペクトラム（ASD），てんかんなどの診断を下すことを医師は求められる。英米ではクリニカルサイコロジストなどの非医師でも発達障害や知的障害についての診断をすることが可能である。そのことの是非はさておき，医師のみしか診断できないことで，医師の負担が重くなる。発達障害や知的障害を専門とする医師は少ないので，一部の医師に受診が集中し，待機時間が長くなりやすい。そのため，発達障害分野の知識や経験がない医師でも診断や治療にかかわらざるを得ず，必ずしも妥当な支援がされていないことがある。

2. 知的障害と発達障害

　知的障害とASDは合併することが多い。しかし，福祉施設や特別支援学校などでは自閉症スペクトラムの合併診断が適切になされず，知的障害のみが認識されていることが少なくない。構造化や視覚支援を提案すると「自閉症ではなく，ダウン症です」とか「知的障害なので構造化は不要です」などと返されることが多い。適切な支援のためには障害特性をアセスメントによって把握することが出発点になるが，自閉症の診断が軽視されている。

3. 精神科的合併症

　自閉症スペクトラム，ADHDとも精神科的合併症が高頻度にみられる。しかし，福祉の現場ではそのことがよく認知されていない。

　ASDの精神科的合併症として多いのは，不安障害，気分障害，双極性障害，ADHDなどであり，自殺企図も高頻度である（内山，他，2015）。

　ADHDについてのアメリカの調査では男性ではアルコール依存（53.1%），反社会性パーソナリティ障害（40.8%），自殺傾向（34.7%），軽躁エピソード，物質依存（両者とも32.7%），女性では全般性不安障害（47.7%），軽躁エピソード（42.1%），ディスチミア（36.8%）などが多い（Yoshimasu, et al., 2016）。

福祉施設の職員は，これらの精神科的合併症について十分に認識しておらず，「問題行動」というくくり方で理解していることがある。

4. 診断書

診断書業務について医師はかなりの時間も神経も使うのだが，福祉施設によっては安易に考えている人が多いように思う。「書いといてください」と何も説明せずに事務に後見制度の診断書を預けていく施設の人もいた。区分認定の診断書についても福祉施設職員が下書きを書いてくれて，区分〇〇が必要なのでこのとおり御願いしますと言われることもある。知的障害の場合は知能テストが通常必要になる。本人／保護者に知能テストの意味を説明し，テストの予約をとり実施し，結果を纏めるにはそれなりの時間と労力が必要である。知能テストの結果，予想外に低く知的障害の判定をされてショックをうける保護者や当時者もいる。事前に丁寧な説明が必要なのだが，そのことを認識せず，知能を測定することと血圧や体温を測るのと同じように考えている職員もいる。

III 発達障害特性についての医学的理解と関与

医師は脳も含めた生物学的個体としてのヒトの存在から疾病や障害を理解し，支援方法を考えるトレーニングを受けている。発達障害について医師がなにがしかの貢献ができるとしたら，障害の基底に多数派のヒトとは異なった，脳機能の標準からの変異があり，そのために認知や行動の障害が生じているという出発点から支援方法を考案することであろう。

ASDを例にあげて説明しよう。

ASDの基本障害は①社会的交流の障害，②社会的コミュニケーションの障害，③社会的イマジネーションの障害であり，④感覚過敏もみられることが多い。これらの基本障害が発達経過の中で目立たなくなることもあるが，多くの場合は生涯にわたって継続する。その基盤は生来性の脳機能障害が原因と考える。

1. 社会的交流の障害

　社会的交流の障害を無視した対応は虐待になりうる。たとえば，集団での交流が苦手な子どもや成人に何の配慮もないままに集団交流を強要することなどである。実際に福祉施設では全員一斉に挨拶をするとか全員揃うまで食事をしないなどの対応をしていることは稀ではない。放課後等デイサービスや就労支援施設などで，いじめにあっている人に，いじめの解決をすることなしに通所を強制することなどもよくみられる。

2. 社会的コミュニケーションの障害

　当時者が理解できないような言葉で指示を繰り返し，指示に従えないと叱る。冗談を真に受けることを面白がって，本人が嫌がる冗談や嫌み，当てこすりをする。相手の言葉を字義どおりに受け取ることを悪用して「言うとおりにしないと殺すぞ」と冗談のように言って強い恐怖感を与えるなど。

3. 社会的イマジネーションの障害

　社会的イマジネーションの障害により，自分なりのルールに固執することがある。速度違反などのルール破りを上司や同僚が強要することなども虐待になりうる。見通しが付かないことや変更に不安を感じる当時者に，気まぐれに時間割や予定を変更することなど。

4. 感覚過敏

　感覚の問題は非常に重要な特性であるのに無視されていることが多い。たとえば，聴覚過敏のある人に大声で怒鳴って指示する，集団で行う行事への参加を強制する。

　知的障害を合併した場合には，できることが限られていることは当然である。本人の能力や興味関心を考慮しない課題や行事の設定などは，強いストレスを当時者に与え問題行動に結びつきやすい。

5. 行動障害への関与

　福祉から医療に頻繁に求められるものに薬物療法がある。特に問題行動の対処として薬物療法が求められることが多い。知的障害を伴うASDで自傷行為などが極端な場合には「強度行動障害」の用語が用いられ，福祉施設では大きな課題になっており，重度障害者支援加算や都道府県が実施する強度行動障害を支援する職員を養成するための研修事業を都道府県地域生活支援事業のメニュー項目に盛り込むなどの施策がとられている。一方，知的障害を伴わないASDやADHDについては，さまざまな課題が指摘されてきたが，このような施策は特にはとられていない。重度ASDの強度行動障害は時に失明・難聴までに至る自傷，異食などがあり，定型発達者とは無論のこと，知的障害とも異質であり，その対応には構造化などのASD特性への配慮が必要であることは自明である。福祉施設からの「医療の支援」を求められるとき，構造化などの障害特性への配慮が適切になされていなければ，まず環境の再設定などが必要になる。

　一方高機能ASDやADHDのいわゆる問題行動も，それが生じるメカニズムにはASDやADHDの特性が深く関与していることが多い。放課後等デイサービスなどの障害児福祉施設でASDやADHDの特性から支援プランを立てるという視点は乏しい。問題表現は異なっても，個々の事例を丁寧に検討すれば，それらの問題行動が生じる背景には発達障害特性に無理解から生じる不適切な対応が幼児期より継続してなされてきたことが誘因であると見なされることが非常に多いのである。

Ⅳ　福祉が医療にもとめるもの

　福祉が医療に求める上で，不適切な求め方には以下のような事態があるだろう。

1. 最終手段としての医療の利用

　実際に福祉施設から求められるのは薬物療法のことが多い。障害支援について高邁な理念を公表している福祉施設でも，「もう福祉では対応できない，

医療の範囲になった」などの理由をつけて薬物療法や精神科病院への入院を求められる。

発達障害の詳しい精神科医が少ないこともあって，そのような場合，医師は福祉の求めに応じて，言うままに処方することもあるだろう。

筆者の場合，問題行動が，どれほど激しくても薬物療法以前の対応を見極めることなく，福祉施設の求めるままに処方することはない。まずは必要な環境調整を行うことが前提である。仮に薬物療法を開始しても当時者にあった環境や課題設定を継続していく。医療は最終手段ではなく福祉的援助と併用可能である。

2．お墨付き，責任回避のための医療機関の利用

個室への隔離などの行動制限の根拠としての医師の意見を求められることが最近増えてきた。身体拘束や個室隔離を福祉施設で行う場合に，自らが判断せず，主治医として「許可」ないしは「認める」という意見を要求されるものである。無論，このような依頼は断ることになるが単に医療への責任転嫁といわざるを得ない。自ら関与できない福祉施設で拘束の許可が出せないことなどは自明である。

本来医療の対象でないことに，薬物療法を求める支援者もいる。たとえば，夕方になると，「無断外出」を繰り返すということで「薬物療法」をして欲しいと相談を受けたことがある。環境が当時者にとって苦痛であれば外出したくなるのは当然である。

3．医療的介入のために必要な情報提供がない

医療，実施的には薬物療法を求められる際に，福祉施設からの情報は問題行動がいかに大変かということが中心になることが多い。いかに激しい他害か，いかに重度の自傷が多いか，こだわりがいかに頑固かといった内容である。ビデオ映像を提供される場合も増えてきたが，多くの場合，当時者がアップで写されており，周囲の環境や課題の内容，スタッフがどのように接しているかについての背景情報は写されていない。

実際に問題行動を減少させるために必要な情報は当時者の障害特性や施設

の環境，支援者の支援方法，問題行動の生じる頻度や時間帯，生じた際にどのような対応が効果があって，どのような対応が効果がなかったかという情報である。そのような情報を自発的に提供する福祉施設は残念ながら乏しいのが現状である。

4．一方的な意思決定

　精神科医療において，治療方法の選択については当時者自身の意思を尊重することが叫ばれている。従来の医師がすべてを決めるパターナリズムを脱却し患者本人の意見も取り入れつつ治療方針を決める意思決定共有モデル（Shared Decision Making）のアプローチである（山口・熊倉，2017）。当時者あるいは代弁者たる家族の意見を重視して治療方針について相談することが望まれる。ところが，施設入所者の場合には施設職員の意見で薬物療法が実質的に決定されることが多く問題である。職員によっては薬物の種類や量まで注文をつけてくることがある。

　本書で今井が指摘しているように結局は支援職員の意向に沿って医師は処方することが多いのが現状であろう。強度行動障害と言われるような重度の人は本人が薬物療法を求めることはない。家族も実のところ薬物療法については消極的であるが，「預かってもらっている」施設職員の意向には逆らえないと訴えることが多い。支援者のニーズと本人のニーズは違うことは常に留意したい。

　入所・通所を限らず施設職員の一部は「何か（問題行動が）あったら責任がとれない」「他の利用者が被害を受けると困る」などの理由で薬物療法に依存する傾向がある。特に，支援手段に習熟していない支援者ほど薬に頼らざるを得ないという側面があるかもしれない。しかし，薬物療法の効果は限定的であるし，副作用も無視はできない。職員は副作用に責任を負うわけではなく，責任を負うのは医師であり，副作用の不利益を被るのは当時者である。

　ASD の易怒性や ADHD に対して保険適応のある薬物があることと誤解して，自閉症スペクトラムや ADHD だと薬を使うものだと思っている支援者もいる。保険適用があることと，実際に目の前の当時者に薬物が適応になるかということはまったく別の問題である。

5. 医療機関の制約

　我が国の医療機関のほとんどは保険診療を行っている。日本の保険診療の良いところは誰でも安価に医療にかかれるところだろう。診療の際に福祉施設のスタッフが立ち会うことはあり，それ自体は歓迎したいが，さまざまな制約があることを理解していないことが多い。

　まず時間の制約である。通常の医療機関であれば一人の患者にかけられる時間は5分から15分程度であろう。そのなかで，さまざまな質問を受けたり，医療的なアドバイスをするのは容易ではない。スタッフによっては，いかに自分たちが困っているかを切々と訴えることがあるが，問題行動がいつ，どのような状況で，どの程度の頻度で生じているかといった具体的な情報の記録がないことも多い。

　医療機関として福祉施設へのコンサルテーションや助言を行うことは有益であり，その必要性も強いが，現行の制度では，診療報酬にはならない。

V　身体管理

　発達障害者の健康管理も医療の役割である。障害者支援施設については，施設の設備・人員等の基準において，健康診断の実施が必須条件になっているがこの基準に合致した健康診断が実施されていない現状が明らかになった。一方，障害者支援施設以外の障害福祉サービス事業には，健康診断等の実施が義務付けられていない。事業所単位で任意にされている（志賀論文）。これらの施設の利用者の多くは知的障害を伴っており，容易に受診や健康診断ができないという事情がある。この対策には医師や看護師など医療者の理解が必要であるが，医療機関からみれば容易に診察ができず，福祉施設の職員からは症状等の情報が乏しい，検査も難しいといった事情がある。保険点数の加算などの制度改革を含めた対策が必要である。

　また，知的障害を合併しないASDの成人の健康管理の問題が大きく，さまざまな身体疾患に罹患しやすく，適切な治療がなされにくいことが度々指摘されている（Croen, et al., 2015）。

　これは高齢化とも深く関係する。高橋，志賀の報告にあるように施設入所

者の高齢化が問題になっているが，知的障害を伴わない発達障害の事例でも高年齢化対策は重要であるが，まだほとんど手がつけられていない状況にある。

文　献

Croen, L.A., Zerbo, O., Qian, Y., et al.（2015）The health status of adults on the autism spectrum. Autism, 19（7）; 814-823. doi:10.1177/1362361315577517

内山登紀夫・佐々木康栄・宇野洋太，他（2015）成人の自閉症スペクトラムに併存する精神疾患に関する検討．精神神経学雑誌，（2015特別），S346.

山口創生・熊倉陽介（2017）統合失調症患者における共同意思決定―新しいアプローチとシステム．医学のあゆみ，261（10）; 941-948.

Yoshimasu, K., Barbaresi, W.J., Colligan, R.C., et al.（2016）Adults With Persistent ADHD : Gender and Psychiatric Comorbidities-A Population-Based Longitudinal Study. J Atten Disord. doi:10.1177/1087054716676342

第2章

福祉から

田中正博

　知的障害のある人の場合，日常の医療機関との付き合い方についてさまざまに支障を感じている方が少なくない。障害が軽度の場合でも医療との距離を感じている人がいるが，重度である場合には医療との課題はさまざまな面で具体的になっている。知的障害のある人が医療機関を受診するには，たくさんのハードルがある。通院，診察，注射，検査，入院，手術，服薬……。そうした課題を，医療機関とのコミュニケーションで解決したり，知的障害のある人の特性に合わせた工夫やシステムの利用でうまく乗り越えたりする。どんなことに困り，どんな対処をしているのか，「医療機関とのつきあい方」について，いくつかの事例を紹介する。

I　事例1：待合室で待てない

　自閉症の場合，刺激に過敏で，待合室で待つことができないことが多くある。イヤーマフを使ったり，病院の外で待ったりしているが……。
　重度知的障害，自閉症，行動障害を伴う22歳の娘である。病院での待ち時間は，保護者は周りに気を使い気がきではない。長時間待たされると大きな声を出したり，他の方には奇異に映る行動をしたり……。周囲の視線が気になる待ち時間は，保護者にとっては長くてつらい時間である。自分のペースでしか動くことができないので，始終うろうろしたり，全然動かなくなってその場に座り込み，診察室に入れなくなったりしたこともある。

誰でも病院の待ち時間は短いほうがいいので、最近では一般診療に診療予約システム「アイコール（i-CALL）」を導入し始めている。このシステムを利用すると1時間以上待たされることはなくなる。多くの病院でこのようなシステムが取り入れられることが期待されている。

II 事例2：何をされるか分からない不安

身体を触られるのが嫌いなため皮膚科での診察がじっとできず、医師から「こんな子は治療できない。薬を出すから塗っておきなさい」と言われ、悲しい思いをする。

事前の不安を和らげるには、診療内容を絵やカードで分かりやすく伝えておくと効果的である。

保育園に通う自閉症の男の子が、通っている療育先でけがをしてしまい、急遽、近くの整形外科を受診することになった。行ったこともない病院で何をされるか分からずパニックになり、診療やレントゲンを受けられず、医師から「こんな子を診るなんてできませんよ！」と言われてしまった。いつもの小児科での診療は受けられるのだが、それ以外の場所での診療は本人にとってもストレス……。このようなこだわりのある子は少なくない。

自分が受ける診療などの内容が分かり、安心して受診ができるようにするには、受診の様子などをイラストで示したり見通しを持たせることでスムーズな受診につながる。

III 事例3：仲間の様子を見て検査への不安が薄れた

グループホームで暮らす27歳の菜々子さん（仮名）には、自閉傾向を伴う重度の知的障害がある。彼女は、初めてのこと、慣れないもの、急な変更が非常に苦手で、固まって動けなくなってしまう。いま住んでいるグループホームでは、普段の血圧を把握するとともに血圧測定に慣れてもらうことを目的に、入居者全員が週1回、血圧を測っている。若い人の多くは普段血圧を測るという経験がほとんどないため、なかには健康診断などで血圧を測る

ときに不安が強くなって混乱する人もいる。「何をされるんだろう？」「痛いかも」「"ブオーッ"という音が怖い」など，未知の体験に対して恐怖を感じるようである。

　菜々子さんも最初は，体をすくめ，測るのを嫌がっていた。しかし，初回は腕帯を巻くだけ，次はスイッチを入れて測ってみるなど，少しずつ段階を踏んで挑戦していった。その結果，時間はかかったが測れるようになった。

　機器に慣れたこともあるが，他の仲間が怖がりもせず測っている姿を見ているうちに「私も大丈夫。私もみんなと同じようにがんばれる」と思ったのかもしれない。今はグループホームでのそうした経験の積み重ねのおかげで，病院でも怖がらずスムーズに血圧が測れるようになった。

Ⅳ　事例4：注射が怖い

　病院をとにかく嫌がり，注射はおろか診察すら難しい人がいる。採血のとき，注射しないほうの腕を身体に布でぐるぐる巻きにし，もう片方の腕を看護師が押さえ，もう一人の看護師が馬乗りに……。本人は泣き叫び，汗だくになるほどで正に命がけであった。

　インフルエンザが流行する時期になると毎年予防接種を勧められるが，最近は学校での集団接種がなくなり，個人で病院に行って受けなければならなくなった。

　集団であればなんとか一緒にできても，個人では病院に行くことさえ難しい生徒も多く，親御さんにとって予防接種は悩みの種である。先の見通しが立たないことに不安がある子どもたちにとって，不安なく，すんなり予防接種を受けてくれるような工夫が必要ある。そのためには，注射までの流れを写真で見せて先の見通しを立てる工夫が必要になる。

　予防接種を受ける様子を，具体的に示す。①診察室に入る。②腕を出して注射をする。③お医者さんにバイバイする。まで写真に撮り，カードを作ってコマ送りのように説明すると見通しが立つことが多く実践が広がりつつある。

V 事例5：なかなか通院できない

　自閉症で繊細だと医療機関との関わりが薄くなることがある。小さい頃は何とか連れて行けても体が大きくなると不慣れな病院への抵抗とあわせて，体調が悪くても病院に連れていけないのが悩みである。
　180キロの体格の成年が，少しずつ診察に慣れるため訪問診療を利用しながら医療と関わりを持った事例がある。
　高熱で歩けない病状が続いたが，救急車を呼ぶには180キロの体格を身体拘束して乗せなければならず，別の事故につながるリスクが考えられ断念した。
　幸いにしてこの時の体調は，元どおりに元気になったが，今後に備えて相談支援専門員が，訪問診療を調整することになった。ドクターが月2回。週を変えてナースが月2回の訪問をかぶらないようにしている。ドクターは白衣を着用せず訪問し，家族の要望を受けて，初日は聴診器を首から下げていたのを，外して診察した。
　また，本人が身構えないように，玄関からではなく台所口から訪問するなど可能な限りの工夫をした。半年を経て，ドクターとはハイタッチはしても診察するまでにはいたらない。ナースには，気分がいいと血圧を測らせたりはする。地道に焦らず少しずつの関係作りが進められている。訪問看護計画には「他者とのコミュニケーションが困難なため体調不調が訴えられないので，表情や行動，母親からの聞き取りで判断し主治医の指示を仰ぐ」「介護者に介護不安があるときは傾聴し，場合によっては福祉サービス利用の検討を相談支援専門員に依頼」などとある。
　今後もドクターとナースの連携で特性を把握し，いざというときに頼れる存在となる関わりが続いている。

Ⅵ 医療との関わりが希薄な日常

　知的障害者が地域の中で安心して生活ができるためには，なによりも健康

の保障が基礎となる。健康を維持することは基本的な権利である。しかしながら，事例で紹介したように，今の日本では，知的に障害があると，医療による支援が十分に届いているとは言えない状況である。

　この状況の改善には健康診断など検査を受ける機会を積極的に用意し，医療との接点を増やすようにすべきである。そのためには，病院側のサポートも，予算も必要である。しかし，それだけで健康面の支援が十分とはならない。

Ⅶ　受診が困難な理由と家族が抱える不安

　2004年度に神奈川県，千葉県，東京都で在宅生活をしている自閉症者に行った健康調査（回答者214名，平均年齢27.5歳，年齢範囲18～43歳）では，毎年健康診断を受けている人は188名（87.9％），数年に1回は12名（5.6％）で，通所している施設ごとに定期的に健診を受けていた。半数が肥満，高血圧，肝機能障害など何らかの生活上の注意や治療が必要であった。

　10年以上前の調査であるが，この状況は今もなお，解決しない健康問題として残っている。当たり前に健診を受けられるようなシステムの構築が求められている。定期的な健康チェックは，自分から症状を訴えられない分，健常者よりも充実させる必要があり，重要さが高いと言える。

Ⅷ　施設での健康診断についての取り組み

　就労していれば，年1回は雇用者が実施する健康診断を受ける。しかし，知的障害者の健康診断はあまり聞かないのではないだろうか。

　障害者施設で暮らしている人の健康診断については，平成27年度厚生労働科学研究費補助金「医療的管理下における介護及び日常的な世話が必要な行動障害を有する者の実態に関する研究」（障害者対策総合研究事業障害者政策総合研究事業（身体・知的等障害分野））の分担研究「障害者支援施設等における健康診断の実施状況について」（分担研究者：志賀利一）という調査を紹介する。

　知的障害者を対象とした健康診断について，施設入所者については，「障

害者自立支援法に基づく指定障害者支援施設等の人員，設備及び運営に関する基準」の中で，常に利用者の健康状況について注意するとともに，「毎年2回以上定期に健康診断を行わなければならない」と定められている。しかし，健康診断の必須項目の細目は定めがない。そこで，この研究では，疾病の早期発見，早期治療実現のため基礎資料を得ることを目的に，障害者支援施設等における健康診断実施状況を調査し，知的障害者の健康管理に関する現状と課題を考察した。

この調査では，障害者支援施設のうち200施設を無作為抽出し，アンケート調査を実施。回答のあったすべての施設で健康診断が実施されていたものの，回数や費用負担，実施項目は施設ごとに大きく異なっていた。

先行研究である，高齢知的障害者にかかわる調査研究「地域及び施設で生活する高齢知的・発達障害者の実態把握及びニーズ把握と支援マニュアルの作成」（平成24〜26年度）では，65歳以上の知的障害者が5万人を超えていること，うち1.3万人が障害者支援施設で生活していること，さらに，入所している知的障害者の75％が一定の身体的介護が必要，55％がきざみ食やソフト食などの食事提供上の配慮が必要なことが明らかとなり，一般の高齢者より心身の機能低下がかなり早いことがわかった。ほかにも肥満や疾病への罹患，骨折のリスクが高いこと，自分で症状を自覚すること，他人に症状を伝えるのが難しいことがわかっている。

IX 知的障害のある人が医療を受けるポイント

入所施設では，前述のように健康診断が義務付けられているが，地域で生活している人はどうであろうか？ 保護者が知的障害のある人を病院に連れていくことをためらうような苦い経験や，受け入れてくれる医療機関がないという声も多く聞かれる。

何かあれば病院で検査をする，診てもらって治療を受ける，そんな当たり前のことをできるようにするためには，どうすればよいのであろうか。

X 障害や特徴を医療者に伝える

　受診するときは，医療者に当事者の障害名や特徴を書いて伝えることが必要である。そのための医療カードやサポート手帳などがある。障害名だけでなく，苦手なこと，パニックになった時の対処法などの情報も重要である。コミュニケーションボードなどを使って，本人から伝える工夫も必要である。

XI 医療にかかりにくい医療困難者を　　サポートするツール

　全国各地でさまざまな工夫がされている。

　愛知県では，障害児者向け「受診カード」が作られている。2001年5月に日本自閉症協会愛知県支部が，愛知県医師会，名古屋市医師会，愛知県病院協会に「自閉症の人の診療に関するお願い」という文書を提出し，自閉症の理解と自閉症の人の診療への配慮を要請した。同時に，「説明カード」という保険証と同サイズのカードも作成している。

　表面に医療機関に対する支部からのメッセージ，裏面に受診時に必要な本人の情報を記載できるようになっている。病院受診時のよりよい関係づくりに大きな助けとなっているとのことである。

　千葉県の「受診サポート手帳」は，アクションプラン2004「障害児（者）の医療サポートを充実する事業」に基づき，コミュニケーションが円滑に行えない障害児・者等が，適切な医療が受けられるように支援する手帳を，千葉県障害者福祉推進課，千葉県医師会・歯科医師会，障害者団体が協同で作成した。また，この手帳の趣旨を表現したシンボルマークも考案された。完成した手帳は，自閉症協会，育成会などの障害者団体の会員，盲・聾(ろう)・養護学校の生徒に配布され，さらに，県内の市町村の障害担当部署などにも配布された。

　手帳には，患者側と医療者側がうまく伝え合うための具体的な方法や，障害の特性や好きなこと・嫌いなことなどの本人の特徴，これまでに行った医

療行為や検査の状況，工夫などを記入できるようになっている。自閉症や知的障害のみならず，精神障害，身体障害，認知症，高齢者の方々にも利用可能であり，いろいろな障害のある人のセルフアドボカシーのツールとなりうると期待されている。

　横浜市でも取り組みがなされている。自閉症や知的障害のある人は，言葉だけでなく，分かりやすい絵記号や写真を用いることで，コミュニケーションがスムーズになるようにコミュニケーションボードを開発した。さらに，障害について配慮してほしいポイントをまとめた啓発パンフレットも作成し，コミュニケーションボードとセットで普及活動を行っている。これを応用し，救急隊員に使ってもらえるようにした救急隊用コミュニケーションボードもある。

　また，ホームページでは，イラストなどを組み合わせて，オリジナルのコミュニケーションボードを作る方法も紹介している。病院受診のために，オリジナルのものを作ることも可能である。

　医療機関側から考えると，医療上の困難さのある障害者を診た場合に診療報酬が加算される仕組みの構築が必要である。障害に理解のある病院で総合健診を定期的に受けられれば，疾病の早期発見も可能になると考え，障害者の人間ドックを実施している団体もある。医療機関等による配慮不足や見逃し，また知的障害者の事業所の健診内容が不十分であることが原因で知的障害者の寿命が短くなっている現状の改善が必要である。しかしながら診療報酬での評価がされていないため継続が難しい状況にある。知的障害のある人の健康診断についての診療報酬が認められれば，積極的な医療機関が出てくるはずである。

　知的障害があっても公平に受診できる機会の保障を考える時期に来ていると思う。

第3章

行政から
——地域特性を意識した発達障害支援

加藤 永歳

はじめに

　現在，日本における少子高齢化は急速に進行し，特に地方の小規模自治体におけるこの問題は深刻であり，消滅の危機にさらされる自治体が頻発するとも言われている。このような状況において，乳幼児期から成人期までを対象として包含する発達障害支援を地域でどのように展開していくか，その課題は大きい。

　筆者はこれまで発達障害者支援センターで地域の発達障害支援に携わる機会を得た。その経験より，地域における発達障害支援のニーズは全国一律ではなく，都道府県の特性や，都道府県を構成する市町村の数や規模により異なっていくものであることを実感した。また，医療と福祉，その他分野・領域を越えた連携の重要性が強調され続ける中で，それぞれの交わりにくい状況にあり，それは地方地域においては時に強く思うこともあった。

　こうした中，総合的な視点が求められる発達障害支援を考える上で，自治体の地域特性を把握し，その地域特性を踏まえた発達障害支援システム構築の方向性の模索が必要であると感じている。

　本稿では，地域における発達障害支援について，厚生労働省の現状における発達障害支援施策を踏まえながら，福祉と医療等との連携を含め，行政の視点から現状の整理と今後の課題の検討を行う。なお，文中の意見に係る部

分は，筆者の所属するないし所属した組織ではなく，筆者の私見であることをあらかじめ申し添える。

I　発達障害者支援法と発達障害支援

　平成16年12月，超党派の議員立法により発達障害者支援法が成立し，平成17年4月に施行された。この施行より14年の年月が経過する中で，日本の発達障害支援はさまざまなかたちで展開されてきた。

　発達障害者支援法の主な趣旨は，発達障害者に対する障害の定義と発達障害への理解の促進，発達生活全般にわたる支援の促進，発達障害者支援を担当する部局相互の緊密な連携の確保，関係機関との協力体制の整備等であり，乳幼児期から学齢期，そして青年期以降の成人発達障害者まで幅広く支援の対象としている。

　発達障害者支援法の施行以降，発達障害支援の現場からは乳幼児期から成人期までの切れ目のない，きめ細やかな支援の重要性が要望として寄せられていた。そのような中で，発達障害者の支援のより一層の充実を図るため，平成28年6月に改正発達障害者支援法が成立した。改正発達障害者支援法の要点は，ライフステージを通じた切れ目ない支援，家族などを含めた，きめ細やかな支援，地域の身近な場所で受けられる支援となっている。

　都道府県および指定都市においては，発達障害者支援センターを設置できることになっており，相談支援，情報提供，研修等，早期支援から学齢期支援，就労支援まで，総合的かつ複合的に発達障害児者およびその家族への支援を行うこととしている。

　なお，発達障害者に係る障害者手帳については，知的障害が認められる場合は療育手帳，知的障害が伴わない場合は精神障害者保健福祉手帳の取得が可能となっている（療育手帳と精神障害者保健福祉手帳を両方取得することも可能）。

　以上のように，発達障害者支援法にて発達障害の定義が明確となり，障害者に関するさまざまな法制度においても発達障害の位置付けが定着しつつある（図3-1)。

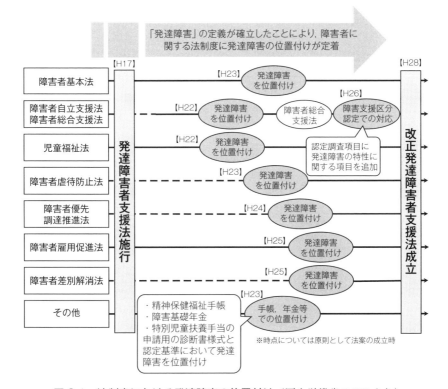

図 3-1　法制度における発達障害の位置付け（厚生労働省の HP より）

Ⅱ　発達障害者支援センターと地域支援

　発達障害者支援センター（以下センターとする）は，発達障害者支援法に規定されている，地域における発達障害支援の要となる機関である。現在，全都道府県ならびに指定都市に１つ以上設置されており，全国で 90 を超えるセンターが地域に存在している。発達障害者支援センターの相談件数は増加傾向にあり，平成 28 年度における相談支援・発達支援・就労支援全体の件数が 7 万 4,024 件となっている。

　センターの役割は，1. 発達障害の早期発見，早期の発達支援等に資する

よう，発達障害者およびその家族等に専門的に対応，情報提供，助言を行う，2. 発達障害者に対して専門的な発達支援および就労の支援を行う，3. 医療，保健，福祉，教育，労働等の関係機関等に対し，発達障害に関する情報の提供および研修を行う，4. 医療，保健，福祉，教育，労働等の関係機関および民間団体との連絡調整を行う，5. その他の発達障害支援に係る業務，となっており，都道府県および指定都市において，地域のニーズに応じた支援活動を展開している。

また，平成26年よりセンターの地域支援機能の強化として発達障害者地域支援マネジャーが配置さるようになり，市町村への支援体制支援，事業所等への困難事例対応の支援，医療機関との連携支援，等に従事している。

改正発達障害者支援法では，「ライフステージを通じた切れ目ない支援」が強調されたが，地域における切れ目ない一貫した支援を展開するにあたり，都道府県および指定都市においては「発達障害支援地域協議会」を設置し，発達障害支援関係者等が相互に連携を図り，地域の発達障害支援体制に係る情報や課題の共有，機能・役割の確認等を行うこととされている。この発達障害支援地域協議会により，都道府県・指定都市における地域の支援ニーズを把握するとともに，中長期的な視点の下，センターおよび行政機関を中心とした支援体制整備の構築が求められている。また，発達障害支援地域協議会の役割として，市町村または圏域ごとの支援体制整備状況の把握も含まれており，都道府県から市町村への支援や連携等の展開も期待される。

市町村が活用できる事業として，巡回支援専門員整備事業がある。この事業は，発達障害等に関する知識を有する専門員が，乳幼児健診や保育所，放課後児童クラブ等の子どもやその親が集まる施設・場を巡回し，施設のスタッフや親に対し，障害の早期発見・早期対応のための助言等の支援を行うものであり，福祉，教育，医療，保健の場を想定した支援事業である。早期支援の重要性は広く語られるが，一方で早期の段階であるほど障害に対するハードルは低くなく，家族として支援につながりにくい場合がある。この事業は，アウトリーチにて必要な支援を提供できる枠組みとなっているので，より身近な場で早期に専門的な支援につながる機会となるだけでなく，巡回する専門家が福祉，医療，教育等の分野を超えて連携し，巡回支援チームとして展

開することも想定できることから，市町村において広く実施されることが望まれる。

Ⅲ　地域特性に応じた発達障害支援体制

　冒頭，「地域」をキーワードとして支援の方向性を検討する旨記したが，地域を意識した発達障害支援とは何だろうか。本田ら（2015）の厚生労働科学研究では，地域特性に応じた支援システムづくりに関する提言がまとめられた。この提言では，知的障害児を想定して施設通所型の療育を中心として組まれていた従来の支援システムの限界，そして各地域の実情，すなわち「地域特性」に応じた支援システムづくりの重要性が示されている。この「地域特性」は，人口規模・動態，自治体の経済状態，住民の社会経済階層など，多様な要素で構成されており，地域格差も大きい。今後は自治体が自らの地域特性をよく把握し，地域の実態に即した支援システム構築を目指す方向性が求められている。

　提言では，地域特性に応じた継続的な発達障害支援の在り方として，人口規模により「政令指定都市」「中核市・特例市・特別区」「小規模市」「小規模町村」の4つのグループに分け，それぞれの規模における方向性がまとめられた。具体的には，各グループにおける「ハードウェア」「ソフトウェア」「ヒューマンウェア（人材の育成と供給）」の在り方が提示された（表3-1）。

　これまで，地域における発達障害支援の検討は，おおむね支援施策の内容にフォーカスして進められ，そこに地域の特性を踏まえた視点は多くはなかった。当然だが，政令指定都市と小規模町村とでは，そもそも地域規模は異なる。地域規模に違いがあるということは，幼稚園・保育園，学校，子どもの支援機関，成人の支援機関，医療機関等の地域の資源状況もまた異なる。世帯数，出生数等も違うであろう。このように，自治体の特性が異なる中で，自分たちの地域の状況について把握することは，地域の「体力」の確認であり，自治体として「体力」に合わせた発達障害支援を検討することは，地域へのより高い支援効果を求める上でも大変重要であると考える。しかしながら，地域の「体力」には限界がある。その時に，圏域そして都道府県という

表 3-1　自治体規模に応じた発達障害支援システムのあり方

	政令指定都市	中核市・特例市・特別区	小規模市	小規模町村
ハードウェア	・複数拠点施設（複数機能のある児童発達支援センター），さらにそれらの中核センターの設置	・全直接支援機能（発見・子育て・専門療育・医療・統合保育・教育・相談）の整備 ※中核市と特別区は，地域支援機能と診療機能を備えた市立・区立の児童発達支援センターを設置	・「発達支援室」等の中核機能を担う組織を設置 ・高い専門性は都道府県または圏域による支援体制を活用 ・児童発達支援事業所と保育所・幼稚園の充実	・人口1万人以上（可能なら5千人以上）は児童発達支援事業所を設置，それ未満は統合保育や圏域を活用
ソフトウェア	・早期支援の3本柱：早期療育，保護者支援，地域支援それぞれのプログラム開発 ・学齢障害児に対する外来診療および学校と連携した支援活動	・間接支援機能（連携・システム運営・人材育成・研究・行政への提言）の整備と自治体による連携組織の運営	・多職種の巡回相談等によるインクルージョン支援	・研修体制の整備，組織的連携体制の整備（自立支援協議会発達支援部会等と調整担当機関の設置）
ヒューマンウェア	・拠点施設で働く専門スタッフの育成，地域でのインクルージョンに携わる職員の研修	・市立の児童発達支援センターにそれぞれ常勤の心理職・言語聴覚士・作業療法士を複数人配置	・都道府県による人材育成の強化と「アウトリーチ型」の市への支援の強化	・都道府県（発達障害者支援センター等）による「アウトリーチ型」の町村支援の強化，ICTを活用した支援事業の創設

（厚生労働科学研究障害者対策総合研究事業（平成25〜27年度）「発達障害児とその家族に対する地域特性に応じた継続的な支援の実施と評価」（研究代表者：本田秀夫）より作成）

大きな地域の枠組みでの市町村連携の在り方も検討されることが望まれる。地域連携は，地域資源の共有や，福祉，医療，教育，保健，労働等の多分野の地域を越えた交流にもつながるであろう。

　上記の提言を踏まえ，各自治体は今後の地域における発達障害支援の在り方を検討し，都道府県におけるセンターは，各自治体の地域特性に応じた発

達障害支援システムの構築の後方支援を進めることがより強く求められる。この点では，発達障害者地域支援マネジャーによる各自治体への支援や，自治体による巡回支援専門員整備事業のより一層の活用が期待されるところである。

Ⅳ　発達障害支援における地域の医療体制の構築

　地域における発達障害の医療体制に関して，平成29年1月に総務省から「発達障害者支援に関する行政評価・監視結果に基づく勧告」がなされ，発達障害の専門的医療機関が少ないことへの指摘があった。そもそも，発達障害を診療できる専門の医師が不足していることもあり，初診の待機期間が長い等，地域での発達障害医療がスムースに展開されにくい状況が継続的にあった。

　厚生労働省では平成28年度より「かかりつけ医等発達障害対応力向上研修事業」を開始した。この事業は，最初に相談を受け，または診療することの多い小児科医などのかかりつけ医等の医療従事者に対して，国研修を通して，発達障害の気づき，自らの診療における発達障害特性を踏まえた対応，専門機関へのつなぎ，地域の子育てや教育，福祉分野との積極的連携等に関する知識の普及を目的としたものである。地域の医療従事者の中には，まだまだ発達障害に関する情報を十分に得ていない状況もあり，それが発達障害児者への診療にハードルとして影響がある場合が見聞きされる。この「かかりつけ医等発達障害対応力向上研修事業」における都道府県・指定都市の医療従事者向けの研修を通して，発達障害・知的障害の基礎的な情報，地域における発達障害支援の体制や医療・教育・福祉の支援等，幅広い知見の周知が図られ，より身近な地域の医療機関での医療受診につながるものと考えられる。自治体におけるより一層の本事業の実施が望まれるところである。

　また，平成30年度に「発達障害専門医療機関ネットワーク構築事業」を創設した。この事業では，都道府県や指定都市が指定した高度の専門性を有する医療機関を拠点とし，その他の地域の発達障害診療を行う医療機関との連携の下，地域の医療機関に対して指導助言等を行うことや，かかりつけ医等発達障害対応力向上研修を経た医療従事者の更なる専門性向上のための実

地研修等を行うことを想定している。それらを調整する役割として拠点病院に発達障害支援のコーディネーターを置き，医療機関の紹介等を含め，よりスムースに展開される地域での医療体制構築を目指すこともイメージにある。このイメージを具現化するには，都道府県，さらには圏域，市町村の地域特性の把握が不可欠である。それぞれの地域により医療機関の状況は異なるため，地域特性を踏まえた上でどのような医療体制が構築できるのかを検討し，発達障害支援地域協議会等において地域の医療体制の今後の在り方を模索することは，自治体の重要な役割である。

V　成人期における発達障害支援

　近年，それまでの幼児期，学齢期の相談に加え，成人期の発達障害者の相談ニーズが高まっている。センターの就労に関する相談人数についても，平成 25 年度 7,604 人から平成 29 年度 9,890 人となっており，増加の傾向が見られる。成人発達障害者に対する就労支援については，発達障害者支援法においても第 10 条にて掲げられており，その重要性が示されている。

　厚生労働省においても，発達障害者に係る雇用施策として，発達障害者雇用トータルサポーターによる就職準備段階から職場定着までの一貫した専門的支援，若年コミュニケーション能力要支援者就職プログラム，精神・発達障害者しごとサポーター養成講座，特定求職者雇用開発助成金（発達障害者・難治性疾患患者雇用開発コース），発達障害者に対する体系的支援プログラムといった事業を展開している。

　また，障害者総合支援法における障害者に対する就労に係る障害福祉サービスとして，就労移行支援事業，就労継続支援 A 型事業，就労継続支援 B 型事業，就労定着支援事業がある。こうしたサービスを利用するためには，居住地の市町村に支給申請を行い，市町村の支給決定を受ける必要がある。

　このように，成人期における支援ニーズが増加傾向にある中で，医療機関に係る発達障害者も増加することが想定される。都道府県・指定都市によっては，18 歳以上の発達障害者の診察が可能な医療機関のリストを取りまとめて発信している地域もあるが，全国的には成人発達障害者に対応する医療

機関が多くないのが実情である。自治体においては，かかりつけ医等発達障害対応力向上研修を実施し，医療従事者への成人期の発達障害支援についての知見を広げる機会の設定が求められる。そして，地域の実情を含む地域特性を踏まえ，センターをはじめとする福祉支援機関，就労支援機関，医療機関等，地域の機関同士の情報共有，事例の検討等を通した連携が積極的に展開され，身近な地域における成人発達障害者に対するより層の厚い支援体制の構築が重要となる。

おわりに──今後の検討課題も含め

　発達障害者支援法が施行されて以降，国内における障害者に係る法律に発達障害が位置付けられ，社会の流れの中で日本おける発達障害支援は大きく広がってきた。一方で，今後検討すべき課題もある。たとえば，読み書き障害，吃音，チック，不器用といった顕在化しにくい発達障害の支援については，幼児から成人まで現状の把握が十分になされていない。また，知的・発達障害者の高齢化の課題は，世界的にあまり開拓されていない分野であり，日本においても研究が進み始めているところである。そしてアセスメントについても，全国で適切に遂行されるよう，発達障害支援に必要なアセスメントのベースを整理し，それらがどの地域でも実施されるような研修等の枠組みを検討しないといけない。その他，大学等の高等教育における発達障害学生支援，地域における発達障害者の暮らしの在り方，本人含めた家族の高齢化に伴う介護等，考えるべきことはまだまだ多い。これら課題は一つの分野によらず，医療・福祉・教育・保健・労働等がタッグを組まないと応えられない。「連携」と書くと超えにくい壁のようにも感じるが，「発達障害」というキーワードの下，各分野，各機関が互いを知り合い，役割を確認・承認し，実行可能で具体的な「肩の組み方」を探っていく。そして，それらが自治体の地域特性を踏まえた上に成り立った時，地域における発達障害支援の次の景色が見られるであろうと，希望を持って思うところである。

参考文献

発達障害の支援を考える議員連盟編著(2017)改正発達障害者支援法の解説―正しい理解と支援の拡大を目指して.ぎょうせい.

本田秀夫,他(2015)厚生労働科学研究障害者対策総合研究事業(平成25〜27年度)発達障害児とその家族に対する地域特性に応じた継続的な支援の実施と評価.

加藤永歳(2018)厚生労働省の発達障害者支援施策―成人発達障害者の支援を中心に.保健の科学,60(10);693-697.

一般社団法人日本発達障害ネットワーク(2013)厚生労働省 平成24年度障害者総合福祉推進事業 発達障害者支援センター等の相談・支援,機関連携及び人材の育成等の業務に関する調査について.

日本発達障害連盟編(2018)発達障害白書 2019年版.明石書店.

編者あとがき

　知的・発達障害の福祉分野における医療については，以前から不十分であることが指摘されていた。編者らは，これらの現状について，国が中心になって改善されることを願ってきた。このような状況を背景に，平成27年度から3カ年にわたり，厚生労働科学研究に参加させていただいた。本書は，厚生労働行政推進調査事業費補助金　障害政策総合研究事業（身体・知的等障害分野）「医療的管理下における介護及び日常的な世話が必要な行動障害を有する者の実態に関する研究」（平成27～29年度）に参加した皆様に，研究の成果を中心に記述していただいている。

　福祉の世界では，利用者の高齢化，強度行動障害を伴う利用者への対応が喫緊の課題となっている。後者については，国が支援スタッフのスキルアップを目指した研修事業を始めており，利用者への適切な対応が進み始めているが，その中でも医療と福祉の連携になると不十分と言わざるを得ない。重度心身障害者の医療においては，福祉と医療は密接に連携しているが，知的・発達障害の分野になるとどうして連携がうまく行かないのか，以前より疑問に思っていた。医療施設に勤務していた際は，「福祉は医療を適正に理解していない」，「大変になったら医療に押し付ければよいと思っているのではないか」と思っていた。福祉施設の医務科に勤務していた際は，「医療はわれわれが必要とするものを提供してくれない」，「医療は難しいことばかり言っていて，よく分からない」と福祉では考えていることが分かった。酔った席で，福祉の課長から「医療だけでよくなったら，われわれの存在が脅かされる」，「医療は付け足しで十分ですから」と言われて唖然とした記憶がある。今考えてみると，「医療側が福祉に良質な医療を提供してこなかった」し，福祉側には「自分たちだけでよくしたい」と自負があったのかもしれない。このような状況は「利用者に不利益をもたらしている」ことは間違いない。この分野を専門とする医師，看護師とも圧倒的に不足しており，多くの医療関係

者は，現場に出て初めてこの分野の医療を勉強しているのが現状である。医師，看護師とも，その養成過程に福祉における医療はほとんどなく，福祉スタッフの養成過程にも，医療を教える過程はほとんどない。この現状を変えなければ，知的・発達障害児者が通常の医療を受ける権利は保障されないのではないか。最後にこの本の出版に，根気強く努力された，金剛出版梅田光恵さんに感謝します。

2019年3月

市川宏伸

■執筆者一覧（執筆順）

市川宏伸（いちかわ・ひろのぶ）一般社団法人　日本発達障害ネットワーク

山本あおひ（やまもと・あおい）社会福祉法人正夢の会

根本昌彦（ねもと・まさひこ）いけぶくろ茜の里

高橋和俊（たかはし・かずとし）社会福祉法人侑愛会

祐川暢生（すげがわ・のぶお）社会福祉法人侑愛会

中野伊知郎（なかの・いちろう）社会福祉法人侑愛会

大場公孝（おおば・まさたか）社会福祉法人侑愛会

田中恭子（たなか・きょうこ）菊池病院

横田圭司（よこた・けいじ）ながやまメンタルクリニック

今井　忠（いまい・ただし）ＮＰＯ法人東京都自閉症協会

小野和哉（おの・かずや）聖マリアンナ医科大学神経精神科学教室

小倉加恵子（おぐら・かえこ）国立研究開発法人　国立成育医療研究センターこころの診療部

田渕賀裕（たぶち・よしひろ）東日本少年矯正医療・教育センター／成増厚生病院

會田千重（あいた・ちえ）独立行政法人　国立病院機構　肥前精神医療センター

志賀利一（しが・としかず）社会福祉法人横浜やまびこの里

江副　新（えぞえ・しん）ＮＰＯ法人すぎなみ障害者生活支援コーディネートセンター

大屋　滋（おおや・しげる）旭中央病院・千葉県自閉症協会

山脇かおり（やまわき・かおり）医療法人横田会 向陽台病院

堀江まゆみ（ほりえ・まゆみ）白梅学園大学子ども学部発達臨床学科

内山登紀夫（うちやま・ときお）大正大学心理社会学部

田中正博（たなか・まさひろ）全国手をつなぐ育成会連合会

加藤永歳（かとう・ひさとし）厚生労働省社会・援護局障害保健福祉部障害福祉課障害児・発達障害者支援室

■編者略歴

市川宏伸（いちかわ・ひろのぶ）

　埼玉県まれ。1970年東京大学大学院薬学系研究科修士課程修了，1979年北海道大学医学部卒業，医学博士（東京医科歯科大学），薬学修士（東京大学）。

　東京都東村山福祉園医務科長，東京都立梅ケ丘病院院長，東京都立小児総合医療センター顧問を経て，現在は国立発達障害情報・支援センター顧問，（一社）日本児童青年精神医学会監事，（一社）日本発達障害ネットワーク理事長，（一社）日本自閉症協会会長，（NPO）日本自閉症スペクトラム学会会長，埼玉県発達障害総合支援センター所長などを務める。

　著書に『発達障害キーワード＆キーポイント』（金子書店），『発達障害の「本当の理解」とは』編（金子書店），『発達障害―早めの気づきとその対応』共編（中外医学社），『専門医のための精神科リュミエール19　広汎性発達障害』責任編集（中山書店），『臨床家が知っておきたい「子どもの精神科」第2版』共編（医学書院），『発達障害の診断と治療』共編（診断と治療社），『発達障害の早期発見と支援へつなげるアプローチ』編著（金剛出版）などがある。

知的・発達障害における福祉と医療の連携

2019 年 4 月 10 日　印刷
2019 年 4 月 20 日　発行

編著者　市川　宏伸
発行者　立石　正信
装　丁　本間公俊・北村　仁
発行所　株式会社　金剛出版
　　　　〒 112-0005　東京都文京区水道 1-5-16
　　　　　　　　　　電話 03-3815-6661　振替 00120-6-34848
印刷・製本　太平印刷社

ISBN978-4-7724-1689-4　C3011　　　　　　　Printed in Japan ©2019

必携 発達障害支援ハンドブック

[編著]=下山晴彦 村瀬嘉代子 森岡正芳

●B5判 ●並製 ●560頁 ●定価 **6,200**円+税
● ISBN978-4-7724-1503-3 C3011

変わりゆく現状に即応するための
発達障害支援エッセンスを結集。
多様化する当事者ニーズに応える
「包括的発達障害ガイド」。

自閉スペクトラム症の展開
我が国における現状と課題

[著]=寺山千代子 寺山洋一

●A5判 ●並製 ●196頁 ●定価 **2,800**円+税
● ISBN978-4-7724-1486-9 C3011

自閉スペクトラム症を持つ子への教育を
保護者や教育関係者の方に向け
いままでの研究・法律・国際環境などの
多方面から考察する。

発達障害児のための SST

[著]=スーザン・ウィリアムス・ホワイト
[監訳]=梅永雄二 [訳]=黒田美保 諏訪利明 深谷博子 本田輝行

●B5判 ●並製 ●220頁 ●定価 **3,200**円+税
● ISBN978-4-7724-1500-2 C3011

ASDの子どもたちにソーシャルスキルを
教えるにはどうしたらいいのか？
本書では実践的アプローチとアドバイスを提示する。

小中学生のための 障害用語集
みんなに優しい学校と社会を願って

[編著]＝柘植雅義＆『インクルーシブ教育の未来研究会』

●A5判　●並製　●156頁　●定価 **2,200**円＋税
●ISBN978-4-7724-1647-4 C3011

「障害」に関する大事な内容を集め
小・中学生向けに平易かつコンパクトに説明した用語集。
付録に人文紹介・全文ルビ付き。

思春期・青年期 トラブル対応ワークブック

[著]＝小栗正幸　　[制作委員会]＝特別支援教育ネット

●B5判　●並製　●200頁　●定価 **2,400**円＋税
●ISBN978-4-7724-1677-1 C3011

発達障害・愛着障害・被虐待経験──
配慮が必要な人に対する
さまざまなトラブルへの対処法を
紙上ワークショップ形式で学べる"虎の巻"

特別支援教育の到達点と可能性
2001〜2016年：学術研究からの論考

[編]＝柘植雅義＆『インクルーシブ教育の未来研究会』

●B5判　●並製　●304頁　●定価 **6,000**円＋税
●ISBN978-4-7724-1561-3 C3011

特別支援教育が始まってから15年が経過した。
特殊教育からの決別による到達点,
残された課題と新たに生まれた課題,
今後の可能性をさまざまな角度から語る。

発達障害の早期発見と支援へつなげるアプローチ

市川宏伸 [編著]

●A5判 ●並製 ●200頁 ●本体 2,800円+税

発達障害とその近接領域
第一線からの報告